U0534434

高等学校
财务内部控制的协同治理

陈 莉 ◎ 著

中国社会科学出版社

图书在版编目（CIP）数据

高等学校财务内部控制的协同治理 / 陈莉著.
北京：中国社会科学出版社，2025.4. -- ISBN 978-7
-5227-5001-9

Ⅰ. G647.5

中国国家版本馆 CIP 数据核字第 2025XX8744 号

出 版 人	赵剑英
责任编辑	耿晓明　朱楚乔
责任校对	季　静
责任印制	李寡寡

出　　版	中国社会科学出版社
社　　址	北京鼓楼西大街甲 158 号
邮　　编	100720
网　　址	http://www.csspw.cn
发 行 部	010-84083685
门 市 部	010-84029450
经　　销	新华书店及其他书店
印　　刷	北京明恒达印务有限公司
装　　订	廊坊市广阳区广增装订厂
版　　次	2025 年 4 月第 1 版
印　　次	2025 年 4 月第 1 次印刷
开　　本	710×1000　1/16
印　　张	14.5
插　　页	2
字　　数	210 千字
定　　价	78.00 元

凡购买中国社会科学出版社图书，如有质量问题请与本社营销中心联系调换
电话：010-84083683
版权所有　侵权必究

前　言

党的二十大报告明确了实施科教兴国战略，强化现代化建设人才支撑的发展战略，指明教育、科技、人才是全面建设社会主义现代化国家的基础性、战略性支撑。[①]我国新时代高等教育现代化之路的实践，需要不断深化和推进高等教育管理体制改革，推进高等教育现代化建设。党的二十大报告强调，要"坚持深化改革开放，深入推进改革创新"，并且在改革中要求着力破解由管理体制和机制造成的深层次障碍。由此可见，深化高等教育管理体制改革，推进高等学校走向治理的共治、法治、善治，既是国家对高等学校现代化建设提出的发展要求，同时也是新时代高等学校顺应发展的新趋势，蕴蓄内生动力，深化管理体制机制改革的重要发展路径选择。

治理体系的构建和治理能力的提升，其中重要的内容是经济管理体制的改革，无论是高等学校经济运行保障，还是财务管理的优化，其本质是学校财务内部控制功能的高效实现。因此，把高等学校财务内部控制与协同治理作为一项理论与实践相结合的研究课题，以财务内控的协同治理为牵引，从学术研究和实践价值两个层

---

① 《党的二十大文件汇编》，党建读物出版社2022年版，第25页。

面探究高等学校财务内控协同治理的新理论和理念，厘清相关管理理论对财务内控协同治理理论的影响和支撑，明晰其理论根源，构建其逻辑内涵，提炼其实践价值，是开展理论研究探析和寻求价值实现的考量和动力所在。2024年11月，财政部、教育部印发了《关于进一步加强高等学校内部控制建设的指导意见》，充分说明高校内部控制建设的重要性，同时也进一步凸显了高校财务内部控制建设理论研究和治理实践的重要意义。

  协同治理是治理现代化的理论支撑，同时也是深化治理的方法论。协同治理作为一种新的观念和方法，其思维模式和运行方式对高等学校财务内部控制有着十分重要的功能性推进作用。高等学校财务内部控制的协同治理，究其根源具有十分广泛的管理学理论逻辑。研究高校内部的协同治理，首要的是社会关系理论。财务管理行为本身是一种特殊的社会关系，由这种社会关系引发的协同治理离不开协同效应，而协同效应本身是系统论、协同学理论以及协同治理理论的产物。因此，高等学校财务内部控制的协同治理问题是高等教育改革中不容忽视的重要管理理论问题。如此定性原因有三：其一，任何管理与改革的提升必须与时代同频，高校财务内控亦概莫能外。在新时代全面从严治党、高质量发展和全面加强财会监督协同治理的背景下，以财务内控为牵引全面提升高校的治理能力，形成高校发展的有力支撑是符合新时代高等学校发展愿景的有效路径。其二，任何管理改革必须坚持问题导向，亦即新的管理举措必须解决当前现实中存在的突出问题。目前高等学校存在发展规划与预算保障脱节、财务内控主体动力缺失、非营利性成本冲突、资源配置与创新竞争机制乏力等诸多现实问题，而这些现实仅依靠财务部门无法得到有效解决，必须以协同治理的理念和方法构建治理运行机制方能奏效。其三，任何管理改革必须有方法论作为支撑。高校财务内控的协同治理不能仅停留在观念和思路上，充分探究其实践价值并促进改革举措形成方法，是改革本身的现实迫切需求。

通过高等学校财务内控的协同治理理论研究和实践探索，促进高等学校全面建立、有效实施财务内部控制。合理保证单位经济活动合法合规、资产安全和使用有效、财务信息真实完整，有效防范舞弊和预防腐败，提高公共服务的效率和效果。使得新的内部控制治理范式覆盖高等学校经济活动和业务活动的全范围，全方位规范学校各层级经济职责履行，把高校内部控制的机制贯穿于经济权力运行的决策、执行和监督全过程。同时，促进高校提升现代化治理体系水平，全面加强治校理教能力建设，构建起制度健全、权责清晰、制衡有力、运行有效、风险可控、监督到位的现代化高校内部控制体系。使内部控制真正促进高校治理水平得到提升、内部权力运行得到规范，高校依法治校、科学理校、清廉治校的能力在新时代得到示范和彰显。

目　　录

绪　论 / 1

第一章　高等学校财务内控协同治理的内涵与价值 / 6

第一节　高等学校财务内控协同治理时代背景 / 7
一　高校内部控制的政策演进 / 8
二　高校财务内控的时代特质 / 15
三　高校财务内控的发展逻辑 / 20

第二节　高等学校财务内控协同治理理论厘析 / 25
一　高校财务内控协同治理的理论资源 / 26
二　高校财务内控协同治理的关系辨析 / 30
三　高校财务内控协同治理的方法构成 / 33

第三节　高等学校财务内控协同治理实践价值 / 36
一　前瞻与系统促进全局构架 / 36
二　沟通与执行完善决策价值 / 37
三　创新与协同构建内涵质量 / 38
四　控制与监督提升风险防范 / 38

第二章　高等学校财务内控研究现状与研究路径 / 40

第一节　学术研究回顾及评析 / 40

2 高等学校财务内部控制的协同治理

  一 国内外研究 / 40

  二 学术研究评析 / 49

第二节 研究路径与结构 / 50

  一 研究方法 / 51

  二 研究思路 / 52

  三 基本结构 / 52

第三章 高等学校财务内控与高等学校治理体系现代化 / 54

第一节 高等学校财务内控建设的理论反思 / 55

  一 管理主体与治理主体 / 56

  二 治理需求与内在动力 / 57

  三 协同机制与协同效应 / 58

  四 科学规范与人文蕴蓄 / 58

第二节 高等学校财务内控建设的实践趋势 / 59

  一 发展战略目标与计划实施匹配 / 60

  二 管理职能散化与预算集中约束 / 61

  三 制度核心控制与运行机制平衡 / 62

  四 资源配置效率与创新竞争协同 / 63

第三节 高等学校财务内控建设的问题思辨 / 64

  一 知识经济、外部环境与治理调控能力 / 65

  二 非营利性、成本绩效与发展进路冲突 / 66

  三 信息融合、职权分配与协同机制构建 / 67

  四 内控评价、激励机制与动力效用统一 / 68

第四节 高等学校财务内控协同治理观念引领 / 69

一　理念更新与思维变革 / 69

　　　二　系统治理与协同效应 / 70

　　　三　绩效观念与激励效能 / 71

　　　四　业财融合与质效提增 / 72

　第五节　高等学校财务内控协同治理困境突破 / 73

　　　一　规划引领与内生弱化困境 / 73

　　　二　全局价值与系统失衡困境 / 74

　　　三　成本缺失与效益测度困境 / 75

　　　四　高能信息与智能迟滞困境 / 76

第四章　高等学校预算业务内控建设的协同架构 / 78

　第一节　高校预算业务内控建设综述 / 79

　　　一　预算业务内控概念及范围 / 79

　　　二　预算业务内控的目标定位 / 80

　　　三　预算业务内控的风险关注 / 81

　第二节　高校预算业务内控协同方式探析 / 82

　　　一　职责配置与授权审批 / 82

　　　二　预算业务活动控制 / 84

　第三节　高校预算业务内控协同运行优化 / 94

　　　一　以核算、评价促进成本效益观念建立 / 94

　　　二　以论证、决策强化项目预算机制健全 / 94

　　　三　以绩效、经责推进权责适配体系完善 / 95

第五章　高等学校收支业务内控建设的协同架构 / 97

　第一节　高校收支业务内控建设综述 / 98

4　高等学校财务内部控制的协同治理

　　一　收支业务内控概念及范围 / 98
　　二　收支业务内控的目标定位 / 99
　　三　收支业务内控的风险关注 / 100

第二节　高校收支业务内控协同方式探析 / 101
　　一　职责配置与授权审批 / 101
　　二　收支业务活动控制 / 104

第三节　高校收支业务内控协同运行优化 / 125
　　一　以依法、合规保障收入组织尺度规范 / 125
　　二　以平衡、节约严格支出管理效能控制 / 126
　　三　以法治、秩序硬化收支刚性约束原则 / 127

第六章　高等学校政府采购业务内控建设的协同架构 / 129

第一节　高校政府采购业务内控建设综述 / 130
　　一　政府采购业务内控概念及范围 / 130
　　二　政府采购业务内控的目标定位 / 131
　　三　政府采购业务内控的风险关注 / 132

第二节　高校政府采购业务内控协同方式探析 / 133
　　一　职责配置与授权审批 / 133
　　二　政府采购业务活动控制 / 135

第三节　高校政府采购业务内控协同运行优化 / 142
　　一　以程序、标准优化履约验收方法创设 / 142
　　二　以评估、评价建立供应实体信用体系 / 143
　　三　以分担、预警扎牢风险防范制度藩篱 / 144

第七章 高等学校资产内控建设的协同架构 / 146

第一节 高校资产业务内控建设综述 / 147

一 资产业务内控概念及范围 / 147

二 资产业务内控的目标定位 / 147

三 资产业务内控的风险关注 / 148

第二节 高校资产业务内控协同方式探析 / 149

一 职责配置与授权审批 / 149

二 资产业务活动控制 / 151

第三节 高校资产业务内控协同运行优化 / 160

一 以效率、共享引领资产配置模式重构 / 160

二 以协作、闭环推动资产规范流程再造 / 161

三 以信息、集成实现资产管理数字赋能 / 162

第八章 高等学校建设项目内控建设的协同架构 / 164

第一节 高校建设项目业务内控建设综述 / 165

一 建设项目业务内控概念及范围 / 165

二 建设项目业务内控的目标定位 / 166

三 建设项目业务内控的风险关注 / 167

第二节 高校建设项目业务内控协同方式探析 / 167

一 职责配置与授权审批 / 167

二 建设项目业务活动控制 / 171

第三节 高校建设项目业务内控协同运行优化 / 177

一 以论证、审批提升项目决策科学规范 / 177

二 以检验、督导压实动态跟踪审计质量 / 178

6　高等学校财务内部控制的协同治理

　　　　三　以专业、规范强化竣工财务决算效力 / 179

第九章　高等学校合同内控建设的协同架构 / 181

　第一节　高校合同业务内控建设综述 / 182

　　　　一　合同业务内控概念及范围 / 182

　　　　二　合同业务内控的目标定位 / 182

　　　　三　合同业务内控的风险关注 / 184

　第二节　高校合同业务内控协同方式探析 / 185

　　　　一　职责配置与授权审批 / 185

　　　　二　合同业务活动控制 / 186

　第三节　高校合同业务内控协同运行优化 / 189

　　　　一　以法务、审核强化合同审批约束机制 / 189

　　　　二　以集中、高效构建数字管理线上闭环 / 190

　　　　三　以联动、协作实施履约执行监管机制 / 191

第十章　高等学校财务内部控制建设的评价与监督 / 193

　第一节　内控评价的闭环效应 / 195

　　　　一　内控环境 / 196

　　　　二　评价制度 / 197

　　　　三　评价活动 / 198

　　　　四　风险评估 / 199

　　　　五　信息沟通 / 200

　第二节　内控评价的价值效应 / 201

　　　　一　持续一致性运行 / 201

　　　　二　内控穿行测试 / 201

三　有效性结论 / 203

　　四　评价反馈运用 / 203

第三节　监督协同与内部控制的嵌入模式 / 204

　　一　财会监督与内控协同 / 204

　　二　审计监督与内控协同 / 205

　　三　纪检监督与内控协同 / 206

　　四　监督体系的协同构架 / 207

结　语 / 209

参考文献 / 212

后　记 / 219

绪　　论

党的二十大报告立足新时代发出伟大号召，全面开启以中国式现代化全面推进中华民族伟大复兴的新征程，党和国家高度重视教育、科技、人才在社会主义现代化国家建设中的基础性地位、战略性支撑功能。教育作为提高人民综合素质，促进人的全面发展的重要途径，承担着民族振兴、社会进步的重任。教育现代化是中国式现代化的重要组成部分和题中之义，也是中国式现代化实现的基础性动力引擎。教育的现代化是中华民族复兴伟业的基础性工程和重要标志。推进教育现代化和教育强国建设既是新时代教育改革的方向，同时也是推进中国式现代化建设的重要内容。

高等教育体系中的重要环节和支撑是高等教育的经济体系，无论高等学校的发展方式和发展水平如何，其始终是高等学校发展的重要基础性保障。在高等教育发展的新时代进程中，习近平总书记强调，从教育大国到教育强国是一个系统性跃升和质变，必须以改革创新为动力。要坚持系统观念，统筹推进育人方式、办学模式、管理体制、保障机制改革，坚决破除一切制约教育高质量发展的思想观念束缚和体制机制弊端，全面提高教育治理体系和治理能力现代化水平。[①]高等学校作为教育系统中的高阶层次，其财务治理对

---

① 《加快建设教育强国为中华民族伟大复兴提供有力支撑》，《人民日报》2023年5月30日第1版。

于高等教育整体的治理格局影响深远,是高等教育体系中不可或缺的治理内容。在当代高等学校财务管理由传统核算功能向现代化协同治理功能实现转变的过程中,高校财务协同治理的本质要求更加体现于财务内部控制治理水平提升。因此,高校财务管理从核算向治理转变,是促进高等学校协同治理构架实现现代化的关键环节。

关于内部控制的含义,最早发端于1949年美国注册会计师协会(AICPA)。该机构在《内部控制:协调组织的要素及其对管理者和独立注册会计师的重要性》(*Internal Control: The Elements of Coordination and Its Importance to Managers and Independent Public Accountants*)中,首次提出了内部控制的基本定义。1994年,该协会下属COSO委员会对内部控制做出了进一步修改和完善,提出了由五个要素组成的内部控制概念要素,分别为控制环境、风险评估、控制活动、信息与沟通以及监督。2004年该委员会进一步补充和演变,将五要素丰富为内部环境、目标设定、事项识别、风险评估、风险应对、控制活动、信息与沟通以及监控八个要素。尽管内部控制早期的目标是风险控制,但二者完全不同。风险管理注重的是业务和交易事项,但内控更加侧重制度和机制。财务内控与会计活动之间有着天然的"血缘"。内部控制从企业逐步走向行政事业单位,是一种理念和实践的产物。我国由企业引发的行政事业单位内部控制建设,其标志是2012年财政部制定的《行政事业单位内部控制规范(试行)》,首次提出并形成了适用于行政事业单位的内部控制定义,要求行政事业单位制定控制目标,建立内控制度和机制,使行政事业单位的风险在一定程度上得到有效管理和控制。

内部控制概念和内涵的认知随着时代的发展,历经了由静态到动态、从方法到过程、从抽象到具体的发展和变化。从高校内部控制的内容上看，集中的控制主要体现在财务的控制上，而一些与财务看似无关的控制内容，其本质上也会通过财务活动和经济责任制的执行体现其控制效果。因此，高校财务内控尽管从概念上小于内部控制的范畴，但其核心和牵引的功能是毋庸置疑的。从高校财务内控的研究角度，其系统性和实操性均有具体的财务业务对其进行支撑，故此，"理论认知提升—系统设计集成—执行高效依存"这样一个从研究理论到实践检验的研究价值闭环，使得对财务内控的研究更加具备完整的研究价值。高等学校财务内部控制协同治理是一个新的观念和思路，也是一个问题导向和方法，是构建动力、运行、调整、保障等诸多机制的一种高效整合的模式。厘清高校财务治理现代化内涵，探究高校财务治理现代化路径，既是时代的要求，也是问题的导向。推进高校走向现代化的协同治理时代，无疑是高等学校现代化建设的重要任务和有效途径。

本书以协同治理的视域对高等学校财务内控进行研究探析，着眼高等学校财务内控协同治理的内涵与价值，从高等学校财务内控协同治理的时代背景出发，研究高等学校内部控制的政策演进、时代特质和发展逻辑。进而对高等学校财务内控协同治理的理论资源、关系辨析和方法构成进行探讨。提炼这一理论的实践价值，从前瞻与系统促进的全局构架、沟通与执行完善的决策价值、创新与协同构建的内涵质量、控制与监督提升的风险防范四个方面阐述其实践价值要素。同时针对高等学校财务内控与高等学校治理体系现代化，进行了关于高等学校财务内控建设的理论反思、实践趋势分析、问题思辨、观念引领、困境突破切入点找寻等方面的系统研究。

理论是深入实践的垫脚石，实践是理论的试金石。马克思曾说：世界上的一切哲学只不过是不同形式的对现实的解释，问题在于改变世界。任何理论研究若浮于实践的上方皆为空洞的论述，从高等学校内部控制协同治理的业务实践层面，如何把协同治理的路径设计阐释清楚，并提出质效提升的有效举措是作者注重深入研究，并为解决高等学校财务内控机制和效率问题所作的重点研究思考。因此，本书围绕行政事业单位内部控制规范提出经济活动业务层面重点关注的六大业务，重点是与财务协同治理紧密相关的预算业务、收支业务、政府采购业务、资产管理、建设工程管理、合同管理。在集中性分析、综述其核心业务性质与特点的基础上，对每项业务协同治理路径和质效提升分别进行深度剖析和研究，以期使得高校财务内控治理在业务层面上具备丰富的实践价值和指导意义。

此外，基于内部控制这一机制和行为的自身固有特征，进行内部控制评价和监督是内部控制中的一个重要且必要的系统性活动。通过客观评价，形成内控反馈，进而持续性改进内控效能，这是需要长期坚持的系列动态调整完善过程，也是财务内控协同治理的重要目标之一。故此，本书最终以内控要素量化评价为导向和切入点，对高等学校开展内部控制基础性评价和监督工作进行论述。在内控评价的执行过程中，一方面，在高等学校原有内控建设、实施、自我评价状况的基础上着力阐释内控评价的闭环效应；另一方面，注重内控评价的价值效应建设，并通过会计控制监督与财务内控的深度嵌入，促进财会监督与财务内控的协同推进。

上述研究内容从理论到实践层面对高等学校财务内部控制这一重要课题力图体现出研究的全面性、系统性、完整性和协同性。"协同治理涉及知识、资源、行为、绩效的全面整合。"①作者基于治理现代化框架对高等学校财务内部控制进行了价值观与方法论的多主体协同治理关系的新构建,拓展了治理理论在财务管理中的新范式重构。以期通过研究解决传统财务内控建设中的治理困境问题,从而推动高等学校以财务内部控制为牵引形成协同治理的新格局。在新时代着力创新和努力构建有全球视野、中国情怀、时代特征的新型高等学校财务治理模式,助推高等学校治理现代化目标的实现,为中国式现代化增添丰富而生动的高等学校治理新理论与实践研究成果。

特别需要说明的是,为不引起表述上的歧义,本书所界定的高等学校从范围上本应涵盖公办高等学校、民办高等学校以及混合所有制的高等学校。由于所有权属性及管理体制上的较大差异,本书立足研究的高等学校仅限于公办高等学校,各章节所称的高等学校均指代这一范围,这一范围上的限定并不影响本质的研究意义,其他类型的高等学校亦可相应借鉴。

---

① 陈劲、阳银娟:《协同创新的理论基础与内涵》,《科学学研究》2012年第2期。

第一章

高等学校财务内控协同治理的内涵与价值

现代高等学校财会工作的职能随着时代的发展在不断拓展和变化，高等学校财务管理和会计业务作为事业单位的重要组成部分不断地被赋予新的改革内容，改革既需要理论的支撑，又需要针对实践问题的解决导向。在目前中国高等学校的财务内控建设中，针对存在的诸多问题，我们有必要分析和研究财务内控的协同治理有着什么样的内涵与价值。

首先，针对财务内控协同治理这一新理念和方法的研究，我们首要的是集中于时代背景和要求，对高等学校财务内部控制纳入国家财政部门、教育行政部门和各级高校管理职能的政策变化情况、机制运行特征以及发展逻辑情况进行全面梳理，以明确和增强对新时代财务内控发展的宏观把握，在低头拉车之前先做到抬头看路。其次，将高等学校财务内控协同治理作为一种新的理念明确提出并进行研究，不可能是空中楼阁式的空泛研究，更重要的是对其进行理论的厘析。协同治理作为一类管理学中的新理论，其已有一定的研究基础，但其理论概念相对一个领域而言仅有抽象性的存在，对于管理功能的发挥需要进一步下沉。因此，在理论研究中，我们对高校财务内控协同治理的理论资源和理论关系进行深入剖析，把财务内控与协同治理的关系进行清晰刻画。在此基础上针对高等学校财务内控协同治理，探究其理论上的方法构成，以期从理论层面对高等学校财务内控协同治理有一个深度阐释。最后，对于高等学校财务内控的协同治理，无论从理论层面，抑或方法层面，均需要有实践价值作为其价值支撑。实践价值在本研究中更集中的是业务分析研究，而在实践之前的实验和检验研究，我们考虑更多的则是从现行的一些零散治理方式中提取和总结其实践价值要素，把它纳入高校财务内控协同治理的理论价值目标中一并进行考量，使研究具备丰厚的实践价值基础。

第一节 高等学校财务内控协同治理时代背景

任何社会管理行为的发生和发展，都囿于时代背景的深刻影响，不可能脱离当时的社会改革发展背景，高等学校的变革亦概莫能外。21世纪以来，中国高等教育被赋予科学研究、人才培养、社会服务与文化传承四大功能，高等教育从规模和质量方面都得到了长足的发展。进入新时代，高等教育面临高质量发展和教育强国建设两大时代背景，在这样的时代背景下，高等学校财务内控也就有了明确的发展方向。《习近平谈治国理政》第一卷明确指出："国家治理体系和治理能力是一个国家制度和制度执行能力的集中体现。"①习近平总书记对于治理与制度和制度执行的重要论述,把治理分解于制度建设和制度执行之中,从建设与执行两个方面的维度指明了治理的内涵。因此,高等学校财务内控作为高等学校一项最重要的管理活动之一,也必须从这两个维度着力提升财务治理能力水平,通过强化内控制度和机制的设计,提升制度执行力,实现高校各类资源的科学配置,进而推动高校在当前时代背景下走向高的质量和强的教育。②就高校财务内部控制而言,首先,要明确当前财务内控的政策演进,知晓我们从哪里出发,目前走到哪里;其次,要回应时代背景下财务内控应当具备什么样的时代特质;最后,总结出高等学校财务内控发展的逻辑所在,以便于从观念和视野上解决思想和认知的困惑,就此我们从三个方面对此进行阐述。

一 高校内部控制的政策演进

我国行政事业单位内部控制建设相对落后于发达国家,我国内部控制建设真正起步是在改革开放以后。以前所有行政事业单位财务制度本身已包括了部分内部控制的相关实质内容,但并未能够独立衍生内部控制这一概念,但内部控制的执行已在会计核算功能中得到一定程度的实现。因此,高等学校随同行政事业单位开展内部控制的活动及政策的演进应当在我国预算会计制度改革历史沿革的发展过程中来审视。有形而具象的内部控制建设在我国产生发展的起点源于改革开放,在此期间,计划经济体制向社会主义市场经济

---

① 习近平:《习近平谈治国理政》(第一卷),外文出版社2018年版,第91页。
② 彭佳、张牡丹:《高校财务治理现代化的内涵和路径》,《中国社会科学报》2023年11月10日第8版。

体制转型，使得内部控制产生的土壤逐渐形成。改革开放的过程，也是我国行政事业单位内部控制演变的进程，在这一经济发展与高等教育同时快速发展的过程中，高校内部控制从会计核算的传统制度逐步转向高速发展的社会主义市场经济体制下的财务内部控制体系形成。从实践上源于企业的管理实践，升华至行政事业单位的规范性制度和机制，历经了一段翔实完整的变革过程。高校从人员机构编制和行政职能设置上，属于事业单位管理的性质和范畴，其内部控制执行也是按照事业单位的要求实施。高校的内部控制与我国行政事业单位的管理模式一并演进，并且随之不断发展变迁。从时间的维度梳理，可以把高校财务内部控制的政策演进大致分为以下五个阶段。

（一）第一阶段：孕育发展阶段（1949—1978年）

有关资料显示，最早提出"内部控制"概念的标志是美国注册会计师协会（AICPA）于1936年公开发表《独立公共会计师对会计报表的审查》报告。其将内部控制定义为："内部稽核与控制制度是指为保证公司现金和其他资产的安全，检查账簿记录的准确性而采取的各种措施和方法。"中华人民共和国成立后，我国国民经济全面重构，预算制度执行的是"高度集中的统收统支"预算体制。1950年财政部印发了两个制度，分别是《各级人民政府暂行总预算会计制度》和《各级人民政府暂行单位预算会计制度》。两个制度意义非常重大，它们是中华人民共和国预算会计制度体系的奠基石，至今影响深远。现在执行的财政总预算制度和行政事业单位预算制度体制，即是从1950年两个制度的基础上继承发展而来。这两个制度主要成就有：一是确立了预算会计体系，预算会计由财政总预算会计以及单位预算会计构成;二是统一了预算会计科目,规定了资产、负债、净资产、收入、费用五个科目;三是统一了预算会计报表格式;四是提出了预算会计的核算基础采用收付实现制;五是就记账方法做了规定,可以采用资金收付记账法与借贷记账法相融合的方法。1953年后,预算体制是"统一领导,分级管理"体制。其间,"一五"时期,我国会计制度基础上的预算会计得到了很大的发展;1958年后,整个会计工作仅强调主观能动性,会计工作受到重视的程度较弱,整个会计工作、会计制度都受了很大的影响;1963年,财政部印发《地方财政机关总预算会计制度》;1965年,财政部印发《预算会计工作改革要点》提出对下一步的预算会计进行改革;1966年,财政部随即印发《行政事业单位会计制度》,将行政单位和事业单位合并在一起,执行行政事业单位会计制度。这些制度虽然未明确提出内部控制这一概念,但相关内控的要素在此过程中是有所展现的。因此,内部控制的要求在新建立的会计核算制度中处于一种初步孕育和发展的状态。

(二)第二阶段:改革探索阶段(1979—1991年)

改革开放之后,由于社会主义市场经济逐步蓬勃发展,预算体制走向"划分收支,分级包干"。1978年,党的十一届三中全会召开后全国经济工作顺利转型,会计工作随之进行了新的改革探索。1985年,财政部印发了《中华人民共和国会计法》,提出建立会计制度,明确对企业公司的会计核算要求,规定采用的记账基础等。1984年,财政部修订印发了《财政机关总预算会计制度》,1989年,组织对其进行修订,该制度相较之前1950年的总预算会计制度,建立起一套很完整的财政预算会计体系。财政总预算会计体系不仅包括一级政府财政部门的总会计操作规范，而且还将预算相关的国库会计、税收增减会计等内容，融合为完整的预算会计体系。1989年，财政部印发《事业行政单位预算会计制度》，与1966年出台的《行政事业单位会计制度》相比，主要是因为在改革开放之后，事业单位发生了很多很大的变化，有全额单位、差额单位以及自收自支的预算单位，所以把事业单位摆在了前面，高校也列入其中。这一时期虽然在制度层面做了很多的制度建设，但会计要素还是按资金来源、资金占用这两大体系来设计会计科目，并没有提出资产、负债、收入、费用等要素。会计基础仍然采用的是收付实现制。记账方法仍然没有把借贷记账法提到日程，还是使用资金收付记账法等。与此同时，美国注册会计师协会于1988年发布《审计准则文告第55号》，对财务报表审计中的内部控制结构更加注重，首次以内部控制结构取代内部控制制度。提出内部控制是为合理保证企业特定目标的实现而建立的各种政策和程序。鉴于报告内容更具有理论上的完整性和实践中的可操作性，因此，很快获得西方会计理论界的认同。我国的内部控制在理论研究和业务实践方面尽管也未能够得到明确，但其原理和方法已在相关的制度中得到了很好的体现。

（三）第三阶段：改革全面展开阶段（1992—1998年）

1992年以后，我国要建立具有中国特色的社会主义市场经济体制，确立市场这个概念后，这一时期我国企业会计改革发生了天翻地覆的变化。比如1992年财政部颁布《企业会计准则》《企业财务通则》以及13个行业的会计制度和10个行业的财务制度的"两则两制"，见证了我国整个市场经济体制下企业会计核算的规则和体系完善；1994年财政部颁布《中华人民共和国预算法》，确定了这一时期的预算管理体制是"分税制",并一直延续到现在;1997—1998年先后出台了《财政总预算会计制度》《行政单位会计制度》《事业单位会计准则》和《事业单位会计制度》,这些制度明确了国库会计、基建会计、社保基金会计等在经济业务或事项中的会计核算规则,重新构建了预算会计核算体系,确立资产、负债、净资产、收入、支出为会计核算的五要素,会计核算采用借贷记账法,会计核算基础确定为收付实现制及权责发生制,同时,统一科目设置;1996年,中国注册会计师协会印发了《独立审计准则第9号——内部控制与审计风险》,由此提出了我国对于内部控制的相对较为规范的定义。内部控制正式在我国会计和财务管理体系中全面展开。

(四)第四阶段:向政府会计转变阶段(1999—2011年)

第四个阶段从1999年开始向政府会计转变,即预算会计制度向政府会计制度转变阶段。2000年以后我国建立"公共财政体制",公共财政体制意味着政府财政的资金来自群众,政府要提供给人民的是公共产品、公共服务。如何把公共产品、公共服务管理好,就是财政管理工作的要义。而会计工作是财政的基础性工作,因此可见其重要性摆在了突出位置。随着我国财政改革的需要,1999年和2010年补充修订调整完善了1997—1998年这一轮制度规定,推行市场经济国家财政管理的基本形式,如部门预算、政府采购、国库集中支付、政府收支分类改革等。与此同时,我国还制定了土地储备资金的会计制度、新农合的会计制度、新农保的会计制度以及基金类的一系列制度。2010年我国配合医院和医药卫生体制改革,对《医院会计制度》《基层医疗卫生机构会计制度》进行了修订印发。2012年对《行政单位财务规则》《事业单位会计准则》《事业单位会计制度》进行了修订印发。到了2013年对《行政单位会计制度》《科学事业单位会计制度》《高等学校会计制度》《中小学校会计制度》以及《彩票机构会计制度》进行了修订完善，保证了我国会计制度的完整性。政府会计在反映单位预算执行情况的同时，更多地反映了单位的财务状况。预算会计主要反映收支余情况，但是收支余主要是流量概念，以收付实现制为基础。而这一轮改革要求从收付实现制向权责发生制进行基础性转变。同时，实现双分录会计核算。另外，政府会计还充实了资产负债的核算内容，主要是着力提高了预算单位会计信息质量。2011年，中共中央、国务院制定印发《关于分类推进事业单位改革的指导意见》，对企业和事业单位的运行机制进行了明确界定，行政事业单位作为一类型的单位，其内部控制应当有着不同于企业的遵循，事业单位的内部控制建设成为了一类新的理论研究和实践课题，受到更为广泛的关注。

（五）第五阶段：全面开展内控建设阶段（2012年至今）

财政部于2011年年初，形成了关于内部控制管理制度的讨论稿，面向行业内的专家进行了意见征询，此外，财政部深入全国多个省份，针对各地各类型行政事业单位开展了实地调研和考察，接收一线单位关于内部控制实施的意见建议共计五百余条；2011年年底，在全国范围内公开征求关于行政事业单位内部控制规范的意见；2012年年初，财政部对行政事业单位内部控制规范进行立项，组织开展课题研究；2012年11月29日正式制定并印发了《行政事业单位内部控制规范（试行）》（以下简称《规范》），由此，我国行政事业单位的首个内部控制规范性制度出台。此规定的出台对于明确全国行政事业单位内部控制起到了十分积极的重要意义，也使得高等学校内部控制工作有了制度上的依据,从外部压力的角度对全国高校内部控制的实施起到了直接的推动作用。

2015年,财政部进一步制定印发了《关于加强财政内部控制工作的若干意见》,明确财政部门内部控制建设的标准和措施,从建设法治政府的角度提出财政部门更进一步走在内部控制建设前列的明确要求;同时,2015年财政部在各级各类行政事业单位积极推进内部控制建设取得初步成效的基础上,印发《关于全面推进行政事业单位内部控制建设的指导意见》(以下简称《指导意见》),由此,包括高等学校在内的全国行政事业单位的内部控制建设全面展开。教育领域的内部控制建设得到了教育部的高度重视和积极推进,作为具有示范性的制度措施,2016年,文件《教育部直属高校经济活动内部控制指南(试行)》印发,尽管这一制度针对的主体是教育部直属高等学校,但其对于各类省属高校的引领、示范、带动作用是十分显而易见的,各地高校纷纷在此基础上结合学校实际进行了内部控制制度的建立与完善,并针对具体业务制定了各自的内部控制指南。

2016年,为进一步指导和促进全国行政事业单位有效开展内部控制建立与实施工作,落实好《指导意见》,财政部印发《关于开展行政事业单位内部控制基础性评价工作的通知》,决定以量化评价为导向,对单位内部控制基础情况进行"摸底",做到有的放矢、心中有数。通过开展单位内部控制基础性评价工作,以推动各单位于2016年年底前如期完成内部控制建立与实施工作;2017年财政部进一步加强行政事业单位内部控制建设,印发《行政事业单位内部控制报告管理制度(试行)》规范行政事业单位内部控制报告的编制、报送、使用及报告信息质量的监督检查等工作，促进行政事业单位内部控制信息公开，提高行政事业单位内部控制报告质量。

2012年至今，在国家高度重视和不断出台具体政策的指导下，对行政事业单位内部控制规范的研究从一片空白，发展到逐渐繁荣，越来越多的学者研究行政事业单位内部控制建设问题，不断完善理论基础，积极探索有效的控制手段和评价方法。同时，行政事业单位和高等学校也逐步建立、完善适应本单位实际工作需求的内部控制标准和体系。近年来，随着全面从严治党的深入推进，高等学校内部控制成为学校提升治理能力、规范权力运行、防范化解经济风险、促进廉洁校园建设的有力举措，内部控制对促进高等学校规范、高质量发展做出了突出贡献。但这一时期随着经济多元化的发展，网络化、智能化技术的高度发展，外部经济环境与风险因素叠加，给高校内部控制建设带来了不小的冲击，内部控制的质量和效率受到了前所未有的挑战。2024年11月，财政部、教育部印发了《关于进一步加强高等学校内部控制建设的指导意见》，新时代如何通过协同治理全面加强内部控制建设也成了新的理论研究和实践课题。

二 高校财务内控的时代特质

中国式现代化背景下高等学校财务治理结构的现代化，是促进高校财务治理决策科学化、执行专业化、监督多元化的财务内控重要目标。新时代的特征决定了高校财务内部控制的时代特质，其中新时代党的全面领导、全面从严治党中突出财会监督、高质量发展观念树立、制度提升治理效能、问题导向、系统思维等诸多时代特征,使得高等学校不可避免地会产生其独特的时代特质,如高校的经济财务体系将把问题解决作为管理的驱动力,以强烈的问题意识驱动改变管理现状;以先进的治理观念引领凸显高质量发展理念;以清晰的教育责任担当赋能管理改革;同时构建完善的风险防范藩篱,以符合全面从严治党的政治要求和从严治校的社会认同。

（一）强烈的问题意识驱动

马克思曾经指出:"世界史本身,除了通过提出新的问题来解答和处理老问题之外,没有别的方法。"问题是实践的起点,也是创新的起点,在管理中抓住问题就能抓住高校改革发展的"牛鼻子"。学校事业也就能够在不断发现问题,从而通过问题的解决促进进步,同时也在问题解决过程中总结出新的经验。发现问题—研究问题—解决问题,始终是推动一个国家、一个民族向前发展的重要动力。①问题是时代的声音,解决问题是变革的动力。在新时代的现代化发展背景下,财务内控的特质之一便是认识和解决问题的意识。实现高等学校内控引领下的财务管理变革,首要的是理性清醒深刻认识现有管理中运行机制的问题,方能够以问题为导向实现由"破"及"立"。强烈的问题意识是高校财务管理者不能回避的时代要求。从高校现实的财务管理中我们可以看到,长期以来高等学校存在依赖于财政支持经费办学的主渠道,以及单向过度注重社会效益而忽视其他绩效功能的显著特点,使得高等学校绩效管理运行流于形式,绩效缺乏核心观念,未能够发挥资源配置的核心功能。因此,必须从管理和观念两个方面充分认识和审视固有的机制

---

① 崔禄春:《增强问题意识 推动改革发展》,《光明日报》2019年4月15日第5版。

和观念的问题。现实中高校财务管理突出而广泛表现出的问题，诸如评价体系与考核实施落实失范、信息管理与信息集约建设滞后等问题，无不体现出发展理念与绩效观念错位、全局观念与价值观念松弛、成本观念与效益观念淡薄以及风险观念与监督观念缺失。此类问题的解决必须有强烈的问题意识作为前提和基础。

（二）先进的治理观念引领

治理观念其本质是系统论的要求，系统观念属于哲学思维，是马克思辩证唯物主义和历史唯物主义的重要内容。它否定片面、孤立、静止地看问题，而是从整体和联动角度出发，把握事物之间的相互联系，揭示事物发展的本质和规律。系统观念是系统治理理念的拓展和延伸，为我们认识问题、分析问题、解决问题提供了哲学思维和科学方法。坚持系统观念关键是要增强发展的整体性和协同性，从"社会管理"向"社会治理"转变，标志着由传统社会体制向适应时代发展要求的现代社会体制转变，也预示着国家倡导通过深化体制改革和管理创新逐步实现国家的社会治理现代化。财务治理结构是通过对财务决策权、财务执行权和财会监督权的合理配置来实现管理目标。[1]治理结构的形成首要的是治理观念，观念对治理行为本身具有决定性的意义。高校财务管理要实现高质量发展的目标，必须转化财务治理的思维模式，用创新的理念加强财务治理。就内部控制而言，传统的财务核算功能已远远不能够达成学校的发展目标，财务管理向财务治理的转变过程中必须有先进的观念引领，而内部控制作为从制度、流程、效果的全方位管理模式，其

---

[1] 黄永林：《高校财务治理结构的多重关系与现代化建构》，《会计之友》2021年第5期。

治理关系也面临变革，协同治理的概念与内部控制的目标是一致的。因此，财务内控的治理首先是要以系统观念、治理观念、协同观念为先导，才能系统谋划其治理方式和治理手段。

（三）清晰的责任担当赋能

高校财务工作在高校发展中有着至关重要的角色定位，需要坚持"以师生为本"的理念，服务教学、科研事业的发展，改善办学条件、开拓资金渠道、保障教育教学事业顺利进行，同时为师生提供高效便捷的财务服务。随着时代的发展，高校财务部门不仅是传统的"小管家"，更是学校资源配置中的参谋和资产安全的守护者。通过不断完善财务管理制度、实现财务管理工作的规范化、集约化、精细化，高等教育的发展要求财务加强和完善财务管理工作，实现国家预算管理、保证资金高效使用。高校财务工作通过预算管理、会计核算、资产管理、服务保障、制度创新和财务运行分析等多方面的作用，为高校的教育教学事业发展提供了坚实的支持和保障。高等学校由于其特殊的社会职能，所涉及职责较为广泛，从预算管理、收入管理、支出管理、结转和结余管理、专用基金管理、资产管理、债务管理、成本费用管理、财务清算、财务报告和分析、财会监督等层面均有着明晰的制度规定和要求。然而，在这些制度的执行过程中，各高等学校的财务职责履行有着较大的差异。随着新时代全面从严治党的纵深推进，加强高校系统内财会监督、严肃财经纪律、强化资产管理都体现着新时代财会工作的特质。只有通过持续规范财会制度、不断严肃财经纪律，强化财务管理和内部控制，着力党风廉政建设，提升财务人员风险认识，进一步完善内控管理，紧盯薄弱环节，降低内控风险，不断提升内控管理水平扎好制度的笼子，才能够筑牢财务底线。坚持"高质量发展、高标准绩效"的理念，切实发挥财会监督与预算绩效管理的联动作用。加强信息化建设，充分利用财政预算管理一体化系统、预算绩效管理信息系统和内控监督云平台等信息化技术，不断强化财会监督手段，构建"平台监督、共享互通"的财务管理大数据监督机制，以清晰的责任担当，督促财务人员和机构更好地履职尽责，提高财务管理水平，确保资金的安全和有效使用，同时推动财务管理和监督的高质量发展。

（四）完善的风险防范藩篱

财务风险防范的内核是公与私的区别，从中华传统优秀文化看，先贤对治理结构中公与私的论述并不鲜见，荀子在《荀子·君道》篇中将治理表述为"明分职、序事业，材技官能，莫不治理，则公道达而私门塞矣，公以明而私事息矣"。[①]对于治理中通过一定的举措将公私分明以达到风险的防范是治理的本质之一。就现代高校财务治理中的风险防范功能而言，新时代的要求契合是高度统一的，财务内控与廉政风险防范的目标具备高度的一致性。高等学校由于其固有的社会公益属性，其财务不以取得盈利为目标，因此，对于财务风险的盈利能力不能成为其评价要素。而主要的风险应当是支付能力缺失和支出违规违法风险，控制和监督是杜绝和降低高等学校财务风险的主要方式和有效举措，因此，高等学校风险防范观念的形成相应地依托和依赖于控制与监督。具体体现在以收入预测和统筹为前提的预算安排。首先，在合理的资产负债比例内考量

---

① （战国）荀况：《荀子》，方勇、李波译注，中华书局2015年版，第96页。

年度支出和近三年支出控制,以防止短期内出现资金支付能力不足和现金流短缺而影响学校运转;其次,是对大额度资金支出的合规性安全内控审查,防止资金支出失控风险;最后,是以刚性的财会监督强化提升全员对账外设账、资金转移、报销谋私等行为风险的认识。同时,高等学校应努力把握新时代财会监督的功能,把财会监督细化到制度和机制层面,在财务行为、会计行为中构建风险防范的藩篱,建成刚性约束的机制。

三 高校财务内控的发展逻辑

在现代大学制度视域和治理体系下,高校财务治理是借鉴政府公共管理理论与现代公司制度理论形成的用以协调和平衡高校利益相关者之间财务关系的财务权利的设计和安排。[①]高等学校的内部控制建设,既要遵守法规制度,又要遵循管理逻辑,同时还要兼顾以人为本的人文情怀。从财务治理的视角,其覆盖面不仅是简单的财务收支业务,还应当完整包含高校整体的经济管理事务。由于高校的结构设置是多层级主体的共同参与,其涉及利益主体相对较为复杂,从主体、机制、资源、决策、执行、环境等不同因素的层面均需要构建起协同治理合力。从而实现高校财务治理的协调与共治。财务内控治理的发展逻辑要求我们从治理主体、治理结构、治理机制、治理方式等方面加以探讨和论述,考虑高校固有的人文育化特点,我们还强调了治理文化,以期最大限度地解构高校内部控制的发展逻辑。

---

① 陈伟晓、邓彦、李华军:《我国高校财务治理结构现状及优化对策研究》,《会计之友》2015年第3期。

（一）治理主体

主体转向是高等学校财务协同治理的首要问题。管理是线性思维的体现，它的方式是单向的自上而下，从治理主体的理念看，多元治理主体的思维是集成式的非线性关系，从管理客体中把管理对象"人"的因素解脱出来，把原有管理对象更多地假设为"事"，亦即财务行为，是从管理向治理转变的重要认识。这样一来，人的因素全部成为治理主体，治理对象不再包含人这一具有主观能动性的主体，也可以使得协同关系得以进一步理顺。随着我国教育体制改革的深入，高校一方面是政府主导和举办，但作为独立办学的法人主体，其内部经济发展呈现多元化的态势，很多高校内部还设有二级法人单位。从外部经济关系的视角，很多高校吸引和动员多元社会力量共同参与大学的治理，使得外部主体也成为大学治理的主体之一。从主体力量看，高等学校的上级教育主管部门和财政部门对学校财务内控从治理主体方面占据较大的主导和指导地位，宏观管理范畴对学校财务内部控制的治理起着较大的影响作用。从学校层面看，学校党委和行政是主要的决策主体，行政部门、职能部门、教辅部门、二级学院（学部）、师生员工构成了治理的主体。与高校发生外部经济影响和联系的商业银行、捐资助学机构、教学科研联合体、产业转化合作机构以及学生家长等主体也不同程度参与了学校的财务治理。财务内部控制协同治理的核心是吸纳和构建多元共融的治理主体，构架形成政府为主导、高校为主体、社会力量为补充的多元主体协同共治的完整格局。

（二）治理结构

无论是高校全局还是财务内控，其治理效能与内控治理的结构息息相关，高校治理结构一定程度上决定着内部财务控制的成效。从学校财务决策层面看，现行多以党委会、校长办公会、工会和教职工代表大会为主要架构模式的传统治理结构，它的形成有较长的历史，同时也是制度的保障。作为现代大学制度的治理结构，除遵守内部控制的刚性要求外，我们还要正视高校筹资渠道及委托代理关系日趋多元化与复杂化的现实。随着教育市场的开放和高校自主权的增加，高校也开始从市场中寻求资源，这包括校企合作、产学研合作、校办企业等方式，通过市场机制引入社会资金和资源，支持学校的发展。市场的参与有助于提高高等学校的适应性和竞争力，推动科技创新和成果转化，如社会捐赠是高校资源要素的另一个重要来源，通过接受社会各界的捐赠，高校可以获得更多的资金和物资支持，用于改善教学条件、科研设施、学生奖学金等方面。社会捐赠不仅为高校提供了物质支持，也提升了高校的公众形象和社会影响。此外，高校还可能从其他渠道获得资源要素投入，如国际合作、校友捐赠等，这些渠道为高校提供了多样化的资源支持，共同支持着高校的教育、科研和社会服务活动。丰富的资源要素投入办学主体，使得高校财务治理结构不断丰富和完善。资源、信息、能量在高校财务管理中形成了显性和隐性的流动，在协同治理结构中成为具有一定诉求表达的规则。高等学校财务治理从结构上可从财务决策层面、财务执行层面和内外部监督层面来划分，三者形成既互相联系又互相制约的关系，因此，从财务内控协同治理的结构上也必须充分考虑结构的完整性与制衡性，从财务核心业务上形成完整的协同治理控制格局。

（三）治理机制

高校的财务协同治理机制包括构建科学合理的财务决策流程、建立高效的财务执行机制、加强内部控制体系建设、优化财务治理体系以及实施内部控制指南。其逻辑意蕴在于通过决策程序的科学化、会计信息的标准化、财务管理的智能化程度提升，使高等学校在财务管理改革中强化业财融合，充分发挥各类治理要素的合成塑造功能，探索扩展、聚合、比对三位一体的会计数据要素，提升财务数据和管理的治理效能和治理水平。而会计职能拓展在这一要求和财务运行中的需求更为迫切。一方面，财务业务多元化发展和信息技术创新迭代使得业财融合倒逼会计职能产生新拓展以适应多主体需求；另一方面，会计职能拓展在多数高校业财深度融合中自身发展的需求较为迫切。会计职能拓展的新特点聚焦于提升数据治理水平、打牢管理会计工具的应用基础、助推分类精准实施、加强资金绩效评价。同时，优化财务治理体系需要从治理理念、治理结构、治理机制等方面出发，解决传统管理型思维惯性、治理结构"内部人控制"现象等问题，积极创新财务治理理念，完善内外协同的财务治理结构，健全遵循教育和经济双重规律的财务治理机制。此外，学校形成的治理机制，特别是创新性机制同外部机构，特别是教育主管部门和财政部门的沟通协调，使得机制运行更加顺畅，真正促进高校财务内控形成系统高效的治理机制。

（四）治理方式

从治理方式上，财务内控首要的是深刻把握经济运行及高等教育发展规律，优化收支结构，厉行勤俭节约办学，保障学校高质量、可持续发展。目前，在"双一流"建设背景下，要树立以按学科建设促进发展增量竞争性配置，拓展办学资源，探索预算绩效评价机制，调动高校职能部门和学院（学部）提升办学质量的积极性，改善治理环境，夯实治理基础。在智能财务建设过程中积极构建预算管理数据共享平台、财务服务智能平台、内部控制信息化建设以及大数据智能稽核平台，高校在财务管理中嵌入智能信息技术，表面上显现的是把重复性、机械性、逻辑化的财务报销、人工核算等工作让渡于智能技术，极大地提高工作效率，提升服务质量。而更为本质的是，通过信息技术的支持，把财务数据、记账方法、计算能力及业务场景全面、精确地融入管理中，使复杂的常规工作更加自动化、智能化。通过信息化手段提高预算管理科学化、精细化水平，实现预算编制、执行、监督、考核等财务工作的规范和高效运行。此外，健全内控体系，推进财会监督管控实时化，通过建立有效的内部控制机制，实现对财务活动的实时监控和管理，确保资金使用的合规性和效率。注重数据驱动，实现动态决策分析精细化，利用大数据和人工智能等技术，对财务数据进行深入分析，为决策提供数据支持，提高决策的科学性和准确性。最后，坚持需求导向，实现财务共享服务高效化，通过建立财务共享服务中心，提供标准化、高效的财务服务，满足师生和各部门的需求，提升服务质量和效率。在内控监督方面，通过构建多元联合监督检查的长效机制，促进各类监督的横向协同与纵向联动，强化预算执行的控制，支出控制和稽核，强化成本意识，确保资金使用的合理性和有效性。

（五）治理人文

高等学校的基本职能之一是文化传承，而财务治理关系协同构建的实现,一方面要依托制度,另一方面,也要依托文化这一不可忽略的要素。财务协同中的治理效能对制度的依存性十分明显,与通行的高等学校其他管理制度相比较,财务管理制度应当兼济刚性和柔性,既能够享有高等学校管理制度相对稳定持久的特征,又能够使财务管理不陷入僵化的泥淖。这就需要在宏观、中观和微观的层面和角度对财务控制的各方面建立健全相应的制度和工作机制。而财务治理文化作为财务管理价值观的一种反映,是区别于有形财务物质文化的一种精神文化。在道德情感上具备其内在约束力,财务治理文化的根源应当深深植根于中华优秀传统文化,并从新时代社会主义核心价值观中汲取现代因素。结合工作实际将财务治理文化纳入高等学校文化提升工程,提升全员文化认同和情感认同,从而通过制度和文化的融会,达成新时代财务文化的蕴蓄和治理人文。①

第二节　高等学校财务内控协同治理理论厘析

本书把高等学校财务内部控制协同治理作为财务管理领域的一项新的研究概念明确提出,其理论支撑是重要的研究基础。基于这样的研究思考,从三个方面对其理论根源进行分析。首先是理论资源的问题,财务内控升华至协同治理层面来进行定义,离不开传统文化中治理思想,也离不开协同学理论和协同治理理论等系统理论的支撑,因此,必须对理论资源进行系统的梳理,明确理论的指导

---

① 陈莉:《高校财务预算管理核心绩效观》,《会计之友》2024年第8期。

依据和内涵。其次是高校财务内控与协同治理关系的辨析问题，作为财务管理中的一个系统行为，内控与协同治理有着什么样的关系，从管理学的角度，回答它们之间的治理关系，强调协同治理的内在必然联系。最后是在理论剖析和关系逻辑构成的前提下探讨方法构成的问题，将理论从方法论的层面明确其目标、原则等具体内容，以增强理论的指导功能。

一　高校财务内控协同治理的理论资源

协同治理是治理现代化的方法论，协同治理作为一种新的观念和方法，其思维模式和运行方式对高等学校财务内部控制有着十分重要的功能性推进作用。高等学校财务内部控制的协同治理，究其根源有着十分广泛的管理学理论逻辑的演进，首要的是社会关系理论，财务管理行为本身是一种特殊的社会关系，由这种社会关系引发的协同治理离不开协同效应，而协同效应本身是系统论、协同学理论以及协同治理理论的产物。因此，在探究财务内控协同治理的新理论和理念构成的过程中，有必要厘清相关理论对财务内控协同治理理论的影响和支撑，以明晰其理论根源，构建其逻辑内涵。在这里我们总结强调和介绍与之相关的几个核心理论概念。

（一）协同效应

协同效应（Synergy Effects）最早是用于描述物理化学现象的一种说法，又称增效作用，特指两种或两种以上成分的物质组合调配在一起时，这种组合能够生产出大于各自单独使用时所产生作用的加数的情形。1971年，德国物理学家赫尔曼·哈肯提出了协同的概念。这一概念用于财务管理形成协同效应起初是产生于企业经营管理需求。由于财务协同效应中的协同使得公司收益产生额外的增加，如财务能力提升带来的管理效益以及合理避税带来的超预期利润。这一现象还突出地反映在企业的兼并和并购中。马克思说过，"这里的问题不仅是通过协作提高了个人生产力，而且是创造了一种生产力，这种生产力本身必然是集体力"[①]，这也充分说明协同效应是具备正向增值效应的。简单地说，协同效应就是"1+1>2"的体现。协同效应是一个重要的概念，它强调了系统中各部分之间的相互作用和影响，以及这种相互作用如何导致系统整体性能的提升。在系统方法中，协同效应体现在各个要素通过协调或共同作用，使得整个系统的效果超过各部分单独效果的总和。系统论中的协同效应强调的是系统中各部分之间的相互作用和影响，通过优化资源配置、增强竞争力以及有效的整合策略，实现系统整体性能的提升，这种效应不仅限于物理或自然科学领域，也在企业管理、市场营销等多个领域中发挥着重要作用。

（二）系统论

系统论（Systems Theory）的思想产生时间和历史较长，发展至今天已得到了管理学界的公认，多数研究者认为系统论是美籍奥地利人、理论生物学家路德维希·冯·贝塔朗菲（L.Von.Bertalanffy）创立。系统论是一门研究系统的结构、特点、行为、动态、原则、规律以及系统间联系，并对系统的功能进行数学描述的新兴学科。它的基本思想是将研究和处理的对象视为一个整体系统来对待，主要任务是从整体出发，研究系统整体和组成系统的各

---

① 《马克思恩格斯文集》（第5卷），人民出版社2009年版，第378页。

要素之间的相互关系,进而从本质上揭示系统的结构、功能、行为和动态,以达到把握系统整体并实现最优目标的目的。系统论强调整体性原则,运用完整性、集中化、等级结构、终极性、逻辑同构等概念,探求适用于一切系统的模式、原则与规律的理论和方法。因此,系统论不仅关注系统的各个组成部分,还关注这些部分如何相互作用和影响,形成了一个既包括整体论又包括还原论的辩证统一的理论体系。系统论的主要任务就是以系统为对象,从整体出发来研究系统整体和组成系统整体各要素的相互关系,从本质上说明其结构、功能、行为和动态,以把握系统整体,达到最优的目标。①

（三）协同学

协同学（Synergetics）亦称协调合作之学,协同学是由德国物理学家赫尔曼·哈肯在20世纪70年代初创立的②。赫尔曼通过对不同学科领域的分析,提出了多维相空间理论,建立了一整套的数学模型和处理方案,描述了各种系统和现象中从无序到有序转变的共同规律。协同学主要研究远离平衡态的开放系统在与外界有物质或能量交换的情况下,如何通过内部协同作用自发地出现时间、空间和功能上的有序结构。它以现代科学的最新成果为基础,如系统论、信息论、控制论、突变论等,采用统计学和动力学相结合的方法,揭示了各种系统和现象中从无序到有序转变的共同规律。协同学已经成功地应用于许多学科,如物理学、化学、生物学、医学、地球

---

① [美]冯·贝塔朗菲:《一般系统论——基础、发展和应用》,林康义、魏宏森等译,清华大学出版社1987年版,第1—28页。

② Hermann Haken, *Synergetics: The Mystery of Constituting Nature*, Trans by Ling Fuhua, Shanghai: Shanghai translation Publishing House, 2001, Preface.

科学、环境学、社会学、经济学等，几乎涵盖了整个自然科学和社会科学的各个领域。

（四）治理理论

治理（Governance）原本指涉的是与国家公共事务相关的管理活动或者政治活动，原意是控制、操纵和引导。1989年世界银行首次使用"治理危机"一词，此后治理就被广泛地应用于经济社会发展各领域。随后在世界银行、经济合作与发展组织（OECD）和联合国有关机构的报告或文件中，治理一词频频被使用。全球治理委员会于1995年对治理作出如下界定：治理是或公或私的个人和机构经营管理相同事务的诸多方式的总和。它是使相互冲突或不同的利益得以调和并且采取联合行动的持续的过程。它包括有权迫使人们服从的正式机构和规章制度，以及种种非正式安排。而凡此种种均由人民和机构或者同意，或者认为符合他们的利益而授予其权力。① 治理理论是一个广泛的研究领域，旨在探讨如何在追求公共利益的过程中，实现政府与公民等多种权利主体共治的理论。这一理论不仅关注政治管理的过程，还包括政治权威的规范基础、处理政治事务的方式和对公共资源的管理，特别强调在一个限定的领域内维持社会秩序所需要的政治权威的作用和对行政权力的运用。治理理论的主要特点包括重视社会管理力量的多元化、重新定位政府角色以及倡导网络管理体系。这些理论共同构成了治理理论的核心内容，旨在通过不同的理论和视角，为解决现实世界中的治理问题提供多元化的思路和方法。

---

① 俞可平主编：《治理与善治》，社会科学文献出版社2000年版，第270—271页。

（五）协同治理

目前作为一种独立的理论存在尚未有确定性的论述，协同治理是治理理论的一种拓展，同时也是一种治理模式，强调多个主体通过合作、协商和共享资源来共同实现公共利益的最大化。这种治理模式旨在通过跨边界、跨层级、跨领域的合作，实现更优的社会治理目标。它强调的是一种共建、共治、共享的社会治理格局，通过集体决策过程，使多个利益相关者直接参与决策，以解决复杂的社会问题。协同治理的核心概念主要体现在以下几个方面：一是多元主体参与，协同治理强调多个主体共同参与决策过程，包括政府、社会组织、企业、个人等。二是共同目标，所有参与主体共同追求公共利益的最大化。三是合作与协商，通过协商一致的方式解决问题，强调合作与协商的重要性。四是资源共享，各参与主体共享资源，提高资源利用效率。

二　高校财务内控协同治理的关系辨析

治理作为一种行为方式，早期是指代政府行为，其主体是政府及其有关部门，随着社会发展和现代化的进程，从主体上更加强调多元主体在共同事务参与中的协调配合形成的互动合作关系，因此治理的多主体这一核心因素得到充分的认识和强调。多主体的协同治理模式的应用场景不再是单一的，协同治理的范围也进一步拓展至每一类复杂管理行为的层面。高校财务内控能否在新的协同治理这一创新机制下促进问题的解决、矛盾的调和与统一，这就需要对高校财务内控形成协同治理状态的关系进行辨析。

（一）财务内控单一目标与治理系统目标的衔接关系协同

传统狭义的财务内控目标是财务风险的防范，杜绝经济行为中的舞弊。当财务内控行为伴随时代的发展，以财务内控为牵引的财务治理行为模式成为广义的高校财务内控治理。高校财务核算功能也拓展至为学校人才培养、科学研究、社会服务及文化传承的总发展目标提供强健有力的经费保障，这样的治理生态和状态才是可持续的。但财务传统单一目标由于其具有刚性的限制和强力约束性，对于学校发展的目标通常会出现错位和缺位现象。因此，实现财务内控协同治理就必然要求财务内控的单一目标与治理系统的整体目标保持一致，确保各项控制措施服务于治理系统的总体战略。此外，这种目标衔接关系的协同还应当体现在增进目标的互补性方面，使财务内控目标侧重于财务活动的合规性和效率，对治理目标形成补充。在协同功能体现上，也可以通过财务内控的有效实施，及时发现并纠正治理过程中的偏差，保障治理系统目标的顺利实现。相应地，随着外部环境的变化和组织内部的发展，财务内控目标和治理系统目标都需要进行动态调整。两者之间的协同关系要求保持灵活性，确保目标的一致性和有效性。

（二）高校内涵式发展与业财深度融合的关系协同

高校内涵式发展强调通过内部发展目标的设计，治理方式、制度机制的改革，调动校内各事业主体的活力，注重竞争力的提升，以内涵发展促进学校核心事业发展的良性互动。业财融合则旨在将财务工作与业务活动有机融合，提升管理效率和效果。两者都追求高质量发展，具有目标一致性。内涵式发展注重内部改革和自主式发展，而业财融合则是一种管理创新和工作方法的转变。两者在实施过程中可以相互补充，共同推动组织的持续发展和竞争力提升。通过内涵式发展与业财融合的协同，可以进一步优化组织结构，提升工作效率，实现财务与业务的深度融合，为组织的内涵式发展提供有力支持。业财融合为内涵式发展提供财务支持和管理保障，确保资源有效配置和风险控制；内涵式发展则为业财融合提供动力和方向，推动财务管理与业务活动深度融合，实现价值最大化。通过内涵式发展与业财融合的协同作用，可以不断提升自身竞争力和可持续发展能力。财务内控治理对于二者的关系处理的重点在于把内涵式发展的相应指标在业财整合的机制中予以明确，并形成相应的业财融合关系体系，在财务核算和统计中可以把这些指标方便快捷地统计并动态追踪，把二者的关系真正协同推进。

（三）财务治理要素与财务治理过程的嵌入关系协同

首先是在高等学校财务内部控制建设过程中，财务内控治理的各要素与治理过程协同发展尤其重要，治理要素所指的是治理主客体、会计要素、财务分析要素、预算规划要素等各类财务内控要素，治理过程要形成良好治理要素嵌入关系却是一个不容易的过程。从这一关系看，财务治理的实质是一种财务权限划分，良好的嵌入关系主要是形成相互制衡关系。它们之间的关系协同发展首先是治理主体的嵌入，财务治理主体，各类主体应深度参与财务治理过程，确保决策的科学性和有效性。通过明确各主体的权责，形成相互制衡的机制。其次是治理客体的融合，财务治理客体即财权，在治理过程中需合理配置，确保资源的高效利用。通过预算管理、内部控制等手段，将财权融入日常财务活动中。同时还需要采用多种治理手段，如激励与约束、监督与审计等，确保财务治理目标的实现。这些手段应相互协同，形成合力，提高治理效果。最后是动态调整与优化，随着外部环境和企业内部条件的变化，财务治理要素与过程需进行动态调整与优化，确保治理体系的适应性和有效性。通过上述协同作用，财务治理要素能够更有效地嵌入财务治理过程，提升财务管理水平和竞争力。

三 高校财务内控协同治理的方法构成

高校财务内控的协同治理作为一项新的治理构架，其方法构成是实践层面必须回答的重要问题之一。从方法论的角度审视，其本质是一种以解决问题为目标的系统，对问题目标、阶段、任务、工具的一般性的方法原则。因此，关注方法构成中首要考虑的是目标达成与原则遵循，科学的方法论指导下的高校内部控制任务分解与组织形式，在此基础上，本书更为关注的是面向新时代的任务要求，高校内部控制的科学治理与协同构架问题，这是一个管理向治理转变的模式创新，也是本书力图研究和解决的创新问题。

（一）目标达成与原则遵循

国家发布的行政事业单位内部控制规范是高校内控协同治理的宏观目标。首先，内控首要的目标也就是高校的所有经济活动必须与国家法律法规保持高度统一，确保高校在法律法规的制度框架内运行。其次，通过内部控制措施的施行必须保障学校各类资产的安全，杜绝资产流失损毁，促进资产的高效利用。最后，促进财务会计报告数据的真实、准确、完整，为高校内部管理、决策及外部监督提供数据支撑。通过内部控制协同机制建设，预防和杜绝舞弊和腐败现象，使高校声誉和形象得到有力维护。在实现这些目标的过程中，高校内部控制遵循全面性、重要性、制衡性和适应性的内部控制总原则。目标和原则相互作用，共同构成了高校财务管理和内部控制的框架，旨在提高高校的管理效率、透明度和资源使用效率，确保高校的健康稳定发展。在原则的坚持与遵循的实践方面，重点是关注保证财务活动的合规性，确保高校的所有财务活动都符合国家法律法规、教育部门的规定以及学校内部的规章制度，防范违法违规行为的发生。通过协同治理，优化财务管理流程，减少冗余环节，提高资金使用的效率和效益，为高校的教学、科研等活动提供坚实的财务支持。保障资产安全完整，建立健全资产管理制度，对高校的各项资产进行有效的监督和管理，防止资产流失和浪费，确保资产的安全完整和有效利用。高校财务内控协同治理的目标达成与原则遵循是确保高校财务活动健康、有序、高效运行的重要保障。只有通过明确的目标和科学的原则指导，方能推动高校财务内控协同治理工作的深入开展，为高校的可持续发展提供坚实的财务保障。

（二）任务分解与组织形式

高校财务内控协同治理的任务分解与组织形式是确保高校财务活动规范、高效、透明运行的关键。首先，确立财务内控协同治理的总体目标，目标设定兼顾财务信息的准确性、完整性和安全性的要求，同时符合国家法律法规和会计准则的规定，提出提升财务透明度、降低财务风险的协同目标。其次，在此基础上将总体目标细化为具体任务，如完善内控制度、加强内部审计、优化财务流程等。将细化后的任务分配给相关部门和人员，明确各自的责任和权限。在组织形式上，建立跨部门协作机制。成立相关业务等部门组成的协同治理小组,必要时引入外部专家进行咨询和指导,提升财务内控协同治理的专业性和有效性。最后,制定详细的操作流程步骤和规范化操作,建立健全内部控制组织架构,审议学校合规、内控及风险管理工作制定的内部控制管理制度及内部控制手册,强化审计部门对内部控制有效性的监督检查。总之,财务内控任务分解与组织形式涵盖了从风险评估、内控目标设定到监控、制度维护、内部制衡、纪律规范以及数据审核等多个方面,同时涉及多个层级和部门协同。

（三）科学治理与协同构架

财务科学治理与协同构架是确保高校财务健康、提升决策效率的关键。财务内控科学治理强调通过制定和执行一系列政策、程序和措施,对财务风险进行识别、评估和控制,确保财务信息的真实性、准确性和完整性,防范财务舞弊和错误。协同架构则要求财务内控制度框架应包含财务管理制度、财务核算制度、财务审计制度和内部控制制度等多个方面,这些制度相互协同,共同为高校的财务活动提供基本管理规则,确保财务工作的正常开展。在工作实施过程中,高校还需根据内外部环境的变化,不断优化和调整财务内控体系,以提高其有效性和适应性。同时,财务科学治理可以通过合理配置财权,建立有效的激励与约束机制,实现利益相关者的利益最大化。协同构架则可以增进内部各部门之间,及与外部利益相关者之间的协同合作,共同应对财务挑战,优化资源配置。这包括建立跨部门协作机制、强化信息共享、统一报告标准等措施,以确保财务治理目标的实现,推动学校的可持续发展。高校财务内控的多层级责任体系,可以促进内部控制工作得到有效执行。同时,将内外部利益相关者纳入治理体系，加强沟通与协作，共同推动高校财务内控协同治理的深入发展。通过科学治理与协同构架，高校可以进一步提升财务管理水平，有效防范风险，促进学校健康可持续发展。

第三节　高等学校财务内控协同治理实践价值

治理现代化根植于治理现代化的实践，解决实践问题是理论的出发点和落脚点，高等学校财务内控的协同治理亦不是空中楼阁，无论是其理念、方法和举措，只有与高等学校财务内控的难治问题深入地嵌合，才成其为具有质效的管理方式。据此，高等学校财务内控协同治理的实践价值论证和凝练，既是作为研究的先导性基础，也是协同治理目标达成的前提条件。

一　前瞻与系统促进全局构架

党的二十大报告提出，"必须坚持系统观念"，"为前瞻性思考、全局性谋划、整体性推进党和国家各项事业提供科学思想方法"。在财务内控中坚持系统观念，首先是对习近平新时代中国特色社会主义思想世界观和方法论的客观遵循，也是从新的实际出发，对观念变革新要求的概括和提升。高等学校财务内控的协同治理观首要的就是要坚持以前瞻、系统为核心的全局系统观，体现了对习近平新时代中国特色社会主义思想所蕴含的世界观和方法论的有力遵循，同时也符合新时代高等学校高质量发展的实践要求。从财务内控的狭义角度看待，前瞻性所指代的是学校发展目标分解与财务预算支撑的科学衔接，学校发展目标的前瞻性通常可以有效实现。而以收入为基础、统筹融资计划为预期的预算绩效管理前瞻性是十分困难的，在正确的政绩观指导下，需要高等学校着力构建前瞻、系统的内控全局性构架。

二 沟通与执行完善决策价值

在管理会计的核心理念中，价值的创造与发展是最为重要的环节。基于此，高等学校管理会计应当是学校发展战略、教学科研管理业务、财务管理一体化最有效的工具。如何在价值决策共识指导下，应用管理会计实现高等学校深度业财融合，促进财务会计职能转型，以促进高等学校财务内控协同治理实现一定程度的价值创造目标，其基础在于以沟通、执行为特征的价值决策观的良好构建。高等学校内控管理面对的主体并不单一，管理职能部门和教学科研辅助部门相对成为校级层面公共平台和运行保障力量的主体，也是预算支出的主要对象。除此之外，后勤服务保障部门和基建修缮部门也是刚性支出的重要力量，实体学院和科研机构还承担了大量特定目标发展型项目。此外，其他二级法人主体也会与高等学校有着紧密的财务联系，在决策价值中应当充分考虑吸纳各类主体的价值诉求。上述多元主体业务性质有较大的差异，在绩效目标上也存在诸多不同，建立绩效目标管理体系时，如何沟通和执行十分重要，良好的沟通是有效执行内控制度的前提，执行力是"知行合一"观念下先知而后行的具体体现。

三 创新与协同构建内涵质量

从社会经济发展和高等教育发展的趋势看，在实现教育强国建设的关键时期，高等教育发展总体上规模稳定，高等学校的主要发展方式是优化结构、突出特色、创新引领、内涵发展。由此，我们必须思考高等学校财务管理高质量发展的方向和动力源。内涵质量观念是高等学校财务内控协同治理的方向性选择，思想决定出路，只有内涵质量观在财务内控管理中得到充分贯彻，其目标才能与学校发展战略相契合并得以实现。高等学校财务内控协同治理的动力源本质上是学校中心任务和发展目标的要求，它的动力源主要来自财务管理的外部，不以财务机构和人员的意志为转移。因此，内涵质量观建树的重点更为集中的是财务管理者和财务人员协同配合的意识。内涵质量观离不开创新和协同，创新和协同是组织方式的变革，协同创新在高等学校发展中的特征表现为整体性、集约性、动态性与聚合性，学校财务内控管理亦当服从和顺应创新和协同下的内涵质量发展。

四 控制与监督提升风险防范

高等学校由于其固有的社会公益属性，其财务不以取得盈利为目标，因此对于财务风险的盈利能力不能成为其评价要素。而主要的风险应当是支付能力缺失和支出违规违法风险，控制和监督是杜绝和降低高等学校风险的主要方式和有效举措，因此高等学校风险防范观念的形成相应地依托和依赖于控制与监督。预算绩效管理的约束功能十分明显，预算控制的风险防范观念首要的是收入支出控制，具体体现在以收入预测和统筹为前提的预算安排。在合理的资产负债比例内考量年度支出和近三年支出控制，以防止短期内出现资金支付能力不足和现金流短缺而影响学校运转。其次是对大额度资金支出的合规性安全内控审查，防止资金支出失控风险。最后，是以刚性的财会监督强化提升全员对账外设账、资金转移、报销谋私等行为风险的认识。同时，高等学校应努力把握新时代财会监督的功能，把财会监督细化到制度和机制层面，在财务行为、会计行为和预算绩效管理中充分养成习惯和服从刚性约束的观念。

第二章

高等学校财务内控研究现状与研究路径

第一节 学术研究回顾及评析

一 国内外研究

笔者对近十余年与财务内部控制协同治理相关的国内外研究文献进行梳理，现有文献与高校财务内控协同治理相关研究主要集中在下列五个方面。

（一）治理结构、治理策略、治理水平、治理能力

万国超、张庆（2012）认为，人们关注高校财务治理的讨论，把高校财务困境成因值得关注却被忽视的重要原因归于高校治理结构的缺失。正是因为财务治理机制的不完善，使得财务制度与管控措施"流于形式"。[①] 唐万宏（2012）对高校财务治理策略进行了

[①] 万国超、张庆：《基于治理风险视角的高校财务治理研究》，《财会通讯》2012年第35期。

研究，主要为建立科学决策机制，依法筹集办学资金，优化配置财力资源，建立绩效考核机制，健全内部控制制度，明确化解债务责任，防范财务风险等。[①]张萍等（2015）通过监督制度的比较，探索厘清公司治理与内部控制之间的作用机制，为我国内部控制制度研究提出思路与方向。[②]唐大鹏、王璐璐（2017）探讨宏观层面的财政治理目标和微观层面的财务治理目标，旨在初步构建多维治理视角下政府内部控制理论框架。以政府内部控制作为实现国家治理现代化目标的重要抓手，从政府内部控制与国家治理的逻辑关系出发，思考政府内部控制如何规范财政资金，从国有资产和公共资源的分配和使用角度进行深入分析研究。[③]李华军（2018）提出随着高等学校大学治理体系和治理能力建设的推进，高等学校财务治理成为财务治理体系建设的核心要义和财务治理能力提升的重要举措。[④]姚晖、俞剑文（2019）将教育部直属高校、"双一流"建设高校作为研究对象，高等学校筹资渠道多元化、资金占用逐年扩大，倒逼财务治理水平的不断提升。因此，加快构建财务治理评价指标体系，从审计监督、信息公开、预算绩效管理、财务科学决策等方面进行研究，提出引入评价奖惩机制、提高利益相关者参与能力等措施，进一步加快高校财务治理水平测度研究。[⑤]黄永林（2021）

---

① 唐万宏：《高校科学发展的财务治理策略研究》，《会计之友》2012年第34期。

② 张萍、葛玉洁、曹洋等：《公司治理和财务报告内部控制：监管制度的比较——西方内部控制研究文献导读及中国制度背景下的展望（三）》，《会计研究》2015年第8期。

③ 唐大鹏、王璐璐：《政府内部控制多维分析：国家治理、财政治理和财务治理》，《会计与经济研究》2017年第6期。

④ 李华军：《高校内部财务治理影响因素及治理成效分析——基于54所高校的问卷调查》，《会计之友》2018年第7期。

⑤ 姚晖、俞剑文：《基于公开信息的高校财务治理水平测度研究》，《财会通讯》2019年第25期。

提出财务治理结构,并提出实现管理目标是通过对财务决策权、财务执行权和财会监督权的合理配置。①王永海(2000)提出建立企业内部财务控制制度是企业发展的基础,提出企业内部财务控制制度的基本途径,主张将代理人主导型的内部财务控制制度转变为委托人和代理人均衡制约型的内部财务控制制度。②

赫尔曼·哈肯(1989)认为协同本质是子系统之间的合作。他于1971年提出协同学思想,协同学是诸如电子、原子、分子、细胞、神经元、光子、器官、人类等,完全不同性质的大量子系统所构成的各类型系统。这些子系统是通过特殊的合作才在宏观层面上产生时间、空间、功能结构。哈肯的协同学思想为今后协同治理提供了基础性的理论支撑。同时,基于实践的研究也带动了很多领域的专家和学者进一步研究。③安德鲁·坎贝尔,凯瑟琳·萨姆斯·卢克斯(2000)提出协同创造价值的三种途径,即业务行为的共享,知识技能的共享,整体形象的共享。④詹姆斯·N.罗西瑙(2001)提出全球治理的范围包括政府机制、非政府机制、非正式的机制,在治理范围扩大的背景下,各色人种和各类组织得以借助以上机制满足自身的需要及愿望的达成。⑤星野昭吉(2004)假设国家中心治理与超国家治理相命题,提出治理转变即由维持现状向变革现状的价值转变,构建以全球公益为基础的全球治理

---

① 黄永林:《高校财务治理结构的多重关系与现代化建构》,《会计之友》2021年第5期。
② 王永海:《试论公司治理结构和内部财务控制》,《审计研究》2000年第3期。
③ [德]H.哈肯:《高等协同学》,郭治安译,科学出版社1989年版。
④ [英]安德鲁·坎贝尔、凯瑟琳·萨姆斯·卢克斯编著:《战略协同》,任通海、龙大伟译,机械工业出版社2000年版。
⑤ [美]詹姆斯·N.罗西瑙主编:《没有政府的治理》,张胜军、刘小林等译,江西人民出版社2001年版。

体系。①R.爱德华·弗里曼（2024）提出全新的战略管理理论，同时将利益相关者定义纳入为利益相关者创造价值的系统组织。②

（二）国家制度、国家立法、依法治国

林钟高等（2009）在分析信任和不确定性风险与内部控制的相关性基础上，围绕生产和交易等维度重新定义内部控制治理的内在逻辑，区别于传统认知内部控制仅是控制系统，从治理层面提出，科学地、有效地组织实施内部控制建设。③刘永泽、张亮（2012）研究了行政事业单位内部控制五目标、五原则和五要素为核心的内部控制框架体系，此外，对内部控制实施机制等方面进行了综述。④陈文川、余应敏（2016）提出应以服务国家治理需求为驱动力，从防范风险、杜绝腐败、实施监督的职能进行拓展，建立完善内控制度、促进信息化安全发展、科学合理进行资源配置，以提高围绕管理水平，治理效能、践行依法治国、推动诚信文化等全方位的国家治理能力。⑤唐大鹏、常语萱（2018）认为新时代新的历史方位赋予行政事业单位内部控制作为全面依法治国的重要内容更加深刻的内涵，成为国家治理现代化的坚实基础与有力支撑。⑥露丝·海特

---

① ［日］星野昭吉：《全球化时代的世界政治》，刘小林、梁云祥译，社会科学文献出版社2004年版。
② ［美］R.爱德华·弗里曼：《利益相关者：战略管理全新视角》，马旭飞、许雅岚译，机械工业出版社2024年版。
③ 林钟高、徐虹、吴玉莲：《交易成本与内部控制治理逻辑——基于信任与不确定性的组织内合作视角》，《财经研究》2009年第2期。
④ 刘永泽、张亮：《我国政府部门内部控制框架体系的构建研究》，《会计研究》2012年第1期。
⑤ 陈文川、余应敏：《国家治理现代化背景下政府内部控制的职能拓展》，《审计研究》2016年第4期。
⑥ 唐大鹏、常语萱：《新时代行政事业单位内部控制理论创新——基于国家治理视角》，《会计研究》2018年第7期。

渥（2009）提供内部控制重要性的资料，记录内部控制授权与批准、活动控制等方案的内容，包括内部控制特定的政策、程序和测试指引。①罗伯特·穆勒（2019）对企业经营活动层面的具体内容，运用COSO三维立体框架模型解释内部控制要素的重要性，阐述如何整合COBIT框架，ISO内部控制和风险管理标准，并突出强调如何保证内部控制构建和执行的有效性。②

（三）内部控制理论体系、内部控制标准体系建设、内部控制保障体系建设

陈志斌、何忠莲（2007）对我国实践内部控制总结提出内控标准体系建设应加强信息化和声誉机制的建立，同时，为保证内部控制的有效实施，应加强落实责任主体，并落实严格的问责机制和惩戒机制。③王光远（2009）阐述政府内部控制可以解释为一种控制流程、机制与制度体系。④薛澜等（2015）从我国推进国家治理体系和治理能力现代化的历史机遇出发，解读中国建立稳定和完善的现代国家运行体制，能为中国社会的长治久安与和谐发展奠定制度性基础，同时在理论和思想方面的建树能促进形成新的国家治理理论体系和实践法则。⑤王文兵等（2017）以巡视巡查、财政监督与国家审计为切入点，构建三者多元共治模式，推动行政事业单位

---

① ［加］露丝·海特渥：《内部控制政策与程序》，张宜霞译，大连出版社2009年版。
② ［美］罗伯特·穆勒：《新版COSO内部控制实施指南》，秦荣生、张庆龙、韩菲译，电子工业出版社2019年版。
③ 陈志斌、何忠莲：《内部控制执行机制分析框架构建》，《会计研究》2007年第10期。
④ 王光远：《中美政府内部控制发展回顾与评述——兼为〈联邦政府内部控制〉(中文版)序》，《财会通讯》2009年第34期。
⑤ 薛澜、张帆、武沐瑶：《国家治理体系与治理能力研究：回顾与前瞻》，《公共管理学报》2015年第3期。

完善内部控制建设，厉行节约和高效发挥监督资源作用，提高监管水平和效率，降低监督与行政运行成本。①李连华（2019）建议对业务流程依据职责范围进行梳理，加强对腐败风险行为从事前、事中、事后的全流程、全链条进行防范和控制。②刘东、王雁（2010）论高校财务内部控制系统的构建与完善，倡导系统管理思想的树立，在会计核算的基础上，以预算管理控制为主线和核心，对资金管理这个关键点加以控制，建立健全财务内控体系，确保财务资金安全，切实有效地防控财务风险的发生。③史蒂文·J.鲁特（2004）指出内部控制监督难点，提供了内部控制监督程序范本，给出实践性的指导意见，详细描述了美国国内外历年来颁布的各种内部控制评价标准，将内部控制职能转化为扩大公司优势以及改进公司业绩的战略工具。④

（四）内部控制信息化建设

刘玉廷（2009）对财政部印发《关于全面推进我国会计信息化工作的指导意见》文件进一步解读，对会计信息化问题进行了深入研究，撰写论文阐明会计信息化推进的战略构想，提出了工作的具体内容、方法和要求。⑤纪纲（2010）认为我国中小企业信息化进程中的内部控制完善问题，原因在于内控五要素受到信息化进程影响，以此为契机进行内控框架构建，以期信息技术提升核心竞争

---

① 王文兵、安家鹏、干胜道：《多元共治模式倒逼行政事业单位内部控制建设路径研究》，《财政监督》2017年第5期。
② 李连华：《腐败防控视角的行政事业单位内部控制研究》，《会计之友》2019年第11期。
③ 刘东、王雁：《论高校财务内部控制体系的构建与完善》，《会计之友》2010年第9期。
④ ［美］Steven J. Root：《超越COSO：强化公司治理的内部控制》，付涛等译，清华大学出版社2004年版。
⑤ 刘玉廷：《论我国会计信息化发展战略》，《会计研究》2009年第6期。

力、实现可持续健康发展的战略。①彭威（2018）提出高校教育经费监管的重要举措是全面实施高校经济活动内部控制，内部控制离不开内控信息化建设。②汪刚（2019）提出应以"互联网+"、大数据、云计算等信息技术为手段、围绕内部控制建设一个中心、融合业务系统和财务系统，消除"信息孤岛"。③陈虎、孙彦丛（2020）立足于行政事业单位内部控制建设，探讨现阶段阻碍内部控制建设充分发挥作用的"痛点"和"堵点"，阐述内部控制信息化平台积极建设的步骤、框架和内容，辅之以典型流程案例，提出行政事业单位内部控制标准化、高效的再造蓝图及收益。④陈蔚（2021）从问卷调查入手，对浙江省60所本科高校采购内部控制信息化建设现状进行摸排，总结典型问题，提炼共性原因等。以实现内部控制信息化平台的链接功能、互联功能、共享功能、服务功能等目标，构建一站式采购内部控制信息化管理平台。⑤张庆龙、郭霞（2021）提出腐败治理作为国家治理的重要内容之一，个体思想道德的自律只是一个方面，应长期坚持实施以制度反腐的策略，即微观层面的内部控制制度建设有助于反腐倡廉，认为构建单位内部控制信息化建设与审计资源监督形成合力才是关键。⑥王恒斌、王尊阳（2022）在"数字中国"战略实施，基于"互联网+"的背景下，提出高校

---

① 纪纲：《信息化对中小企业内部控制的影响研究》，《财贸研究》2010年第3期。
② 彭威：《基于内控视角的高校经济活动信息化平台研究》，《会计之友》2018年第24期。
③ 汪刚：《行政事业单位内部控制信息化探索与实现路径——基于云平台》，《财会通讯》2019年第26期。
④ 陈虎、孙彦丛：《政府机构内部控制信息化建设探索》，《财会月刊》2020年第7期。
⑤ 陈蔚：《高校采购活动内部控制信息化建设标准设计探析——以浙江省本科高校为例》，《教育财会研究》2021年第2期。
⑥ 张庆龙、郭霞：《腐败治理：道德约束与制度约束》，《财会月刊》2021年第20期。

财务部门应当与时俱进，在更新财务管理理念的基础上，升级财务核算管理软件，提升智能财务水平。同时，敏锐地意识到高校内部控制必须有更高、更新的适配提升。结合内部控制要素，提出策略与优化措施，以期为高校智能财务平台的顺利推进提供可靠的风险防控保障。①

（五）风险管理融入、管理融合

张继德（2013）认为我国内部控制建设的发展是伴随着市场经济的发展逐步完善的，而且在企业的生产经营中越来越凸显重要作用。在分析了内部控制体系构建误区的基础上，首先强调内部控制体系构建一定要符合企业管理需求和技术基础，其次内部控制和企业管理制度应有机融合，最后提出建立通过可行性论证，包括内部因素和外部因素的内部控制体系。②白华（2018）提出要基于管控融合论，重新解释内部控制建设中的十大关系，实现行政事业单位内部控制与管理的融合。③周婷婷、张浩（2018）认为内部控制是风险管理理念上的一次飞跃，站在企业治理的高度，将风险管理融入企业战略、绩效管理和价值提升之中，才能为风险管理融入企业治理打下坚实的基础。④许新霞、何开刚（2021）指出目前我国企业内部控制建设迈向"企业要控制"阶段，对我国内部控制目标

---

① 王恒斌、王尊阳:《智慧财务背景下高校传统内部控制优化研究》,《教育财会研究》2022年第2期。

② 张继德:《两化深度融合条件下企业分阶段构建内部控制体系研究》,《会计研究》2013年第6期。

③ 白华:《论行政事业单位内部控制建设中的十大关系》,《会计与经济研究》2018年第6期。

④ 周婷婷、张浩:《COSO ERM框架的新动向——从过程控制到战略绩效整合》,《会计之友》2018年第17期。

与要素之间的内在逻辑联系进行分析，为消除不同层次内部控制规范之间的不统一，应在内部控制各个要素之间的功能对接与耦合关系上下功夫，以此促进内部控制建设与风险管理之间的规范性、协调性。①凌华等（2021）在肯定近年政府会计改革和行政事业单位内部控制建设成果的基础上提出，二者协同构建发展的重要意义并未完全贯彻落实。通过以资产管理为案例，梳理政府会计改革与行政事业单位内部控制建设对资产管理的影响，从制度建设、人才培养、信息化建设等方面提出各项保障策略，以期提升部门管理水平和治理效能。②亨利·法约尔（2023）首次从经营职能中独立出管理活动，围绕管理教学的必要性和可能性，提出管理原则和管理要素，倡导管理应该进行传授。③约翰·查尔德（2009）运用借助分析国际案例的手法，发掘所包含的原理，并与案例所产生的时代背景相结合，对组织问题进行了全面深入的介绍，对如何设计和发展与组织相适应的竞争能力，促进企业发展壮大扫清障碍。④K.H.斯宾塞·皮克特（2010）认为企业在进行风险管理时，融入了内部控制有效实施的思想和指南。⑤于尔根·韦贝尔、乌茨·舍费尔（2011）提出管理控制实践的观点，从管理控制作为领导的理性保障出发，在计划协调作为管理控制的基础之上，分析信息供给的基本问题，

---

① 许新霞、何开刚：《内部控制要素的缺失与完善：基于内部控制和风险管理整合的视角》，《会计研究》2021年第11期。

② 凌华、李佳林、潘俊：《政府会计与行政事业单位内部控制的协同机理研究——以行政事业单位资产管理为例》，《财会通讯》2021年第1期。

③ ［法］亨利·法约尔：《工业管理与一般管理》，朱智文译，中国科学技术出版社2023年版。

④ ［英］约翰·查尔德：《组织：当代理论与实践》，刘勃译，华夏出版社2009年版。

⑤ ［英］K.H.斯宾塞·皮克特：《审计风险管理过程》，王义华译，东北财经大学出版社2010年版。

结合财务会计核算、成本、收入、收益和业绩核算，对指标系统进行分析运用，达到构建管理控制职能的构建目标。①

二 学术研究评析

协同治理作为治理理论的延伸，从理论研究的角度具备较强的延展性，对于不同对象和领域的协同治理的研究，特别是社会事务的协同治理研究为本书的研究提供了一定的基础和借鉴，但作为财务内控的协同治理，研究还较为鲜见，其研究的系统性也相对薄弱。从研究的分布看有以下四个方面。

一是财务治理方面的相关研究集中于基于财务决策、财务治理结构、委托—代理关系下的均衡制约。国外研究更多关注内部控制价值治理理念，利益相关者价值创造功能。

二是内部控制方面的相关研究集中于从法治角度、内控治理逻辑角度，围绕目标、原则开展内控框架体系研究，多数研究倾向于将行政事业单位的规范借鉴于高等学校内控的施行。

三是从风险防范的角度，研究更多强调业务活动指引，利用COBIT框架、ISO内控标准的观念对内控构建和执行有效性以及风险管控举措开展了一定程度的研究。

四是从监督检查的角度，从财政监督与审计监督的多元共治方面，对内部控制规范评价标准建设、内部控制信息化建设有一定的模式和机制构建研究。

现有研究聚集高等学校内部控制研究成果鲜见，研究内容覆盖

---

① ［德］于尔根·韦贝尔、乌茨·舍费尔：《管理控制学引论》，王煦逸、史雯婷编译，格致出版社、上海人民出版社2011年版。

面和研究的效果和力度不一，大多针对高校内控的研究都停留在内部会计控制阶段，从现有的财务内控和协同治理方面的研究而言，问题主要体现在以下三个方面：

一是协同治理的概念分析和内涵建构方面宏观研究有一定数量，但从高校财务内控的协同治理研究角度开展理论研究还具备较大的空间，研究空间主要体现在财务管理、高校财务内部控制的协同治理机制研究对协同治理理论的丰富和拓展，对协同治理理论的构建和形成具有较强的支撑力，这一领域的研究将推动协同治理理论极大的丰富完善与补充。

二是对于高校财务内控协同治理的时代特性，理论厘析、实践价值、理论反思方面的研究尚不多见。以协同治理观念引领，以问题导向分析协同治理困境的突破，以真正从财务内部控制建设助力高校治理能力的提升和治理体系的达成开展研究，是本书研究视角的鲜明之处。

三是针对高校内部控制的具体核心业务，在分析其控制风险关注基础上，针对每一类业务开展协同治理方式和路径优化的研究，需要做到理论与实践相结合，而这样的研究往往是很困难的，专业财务人员的实践经验必须得到学术研究能力的赋予和加持，才有可能使研究走向深入，具备理论与实践的互动。

第二节　研究路径与结构

本书研究属于管理学的范围，研究以管理学的基本范式为基础，坚持以系统论为指导，综合利用管理学研究方法中的系统研究方法、实践研究分析方法，结合文献研究与案例研究方法，系统研究高等学校财务内控治理问题。在研究中注重结合高校财务内控实践，突出问题导向，着力总结和提出解决问题的路径与方法，对相关理论和实践问题进行综合研究探析。

一 研究方法

（一）系统分析与建构研究方法

本书的研究用系统的观点研究高等学校财务治理的协同问题，研究中强调从整体出发，通过考察系统与要素、要素与要素、结构与功能、系统与周围环境之间的相互关系、相互作用和相互制约，使研究具备系统完整的研究结构。

（二）问题导向与实践分析方法

遵循于管理学的研究方法，本书主要采取了归纳演绎、比较研究、协同研究、调查统计分析等研究方法。研究基于高校财务内部控制的实践概括，通过对高校内控联系进行比较和对照，开展协同研究。

（三）文献研究与案例研究方法

通过对研究文献的梳理，使高校财务内部控制的研究现状充分呈现，也从中得出本研究理论与实践结合的特征。同时结合高校财务内部控制中的六大业务常见风险全面进行整理并展开系统分析，针对不同业务情况提出处理问题的不同手段，以达到掌握管理原则，提高管理技能的效果。

二 研究思路

研究思路上，本书致力于协同治理理论的构建完善，着力理论与实践的互动。协同治理理论用于高等学校财务治理是一项新的研究课题，在丰富和完善理论构建上，本书的研究思路是系统分析与比较分析相结合，静态分析与动态分析相结合，一手资料采集与二手资料采集相结合等多类型的综合性研究思路。

这一研究思路体现了跨学科的综合应用，旨在通过多种分析方法的结合，全面、深入地研究问题。系统分析与比较分析的结合，有助于从整体上理解研究对象，并通过比较不同情况下的表现来揭示规律。静态分析与动态分析的结合，则使得研究能够在静态的横截面上分析问题，同时也能够追踪问题的动态变化趋势。确保了研究的全面性和深度，且充分利用已有的研究成果来丰富研究内容。通过这些方法的综合应用，研究者可以更加系统地理解研究对象，揭示其内在规律和发展趋势，为解决问题提供有力的理论支持和实践指导。

三 基本结构

本书从结构上分为十章，在绪论部分阐述研究意义的基础上，总体上划分为三个部分：

第一部分由前三个章节组成：第一章为高等学校财务内控协同治理的内涵与价值，从时代背景、理论厘析、实践价值三个方面开展理论和实践价值研究；第二章为高等学校财务内控研究现状与研究路径，主要介绍国内外研究状况、研究路径与结构；第三章为高等学校财务内控与高等学校治理体系现代化，立足教育强国建设和高等学校治理现代化，对高等学校财务内控建设的理论进行反思，探究高等学校财务内控建设的实践趋势，并对高等学校财务内控建设的问题进行思辨，同时对协同治理困境进行分析研究。

第二部分由第四章至第九章组成：第四至第九章按顺序分别研究高等学校预算业务、收支业务、政府采购业务、资产内控建设、建设项目内控建设、合同内控建设六大内部控制业务的协同架构问题。从业务类型的选取上，一是符合行政事业单位内部控制规范的范围标准定义；二是六大业务均为高校内部控制的核心业务，基本形成了对高校财务内部控制的全部覆盖。从研究结构上，每章均分为三节，第一节针对具体业务的内控建设进行综述，明确该业务内控概念及范围、内控的目标定位和业务内控的风险关注；第二节针对具体业务内控协同方式进行探析；第三节研究具体业务内控协同运行优化的方法和路径。这样的结构使得从实践研究上具备很强的针对性，对每一类具体业务均有翔实而具体的分析，使得对内控业务治理的研究真正做到有的放矢，研究的实践价值也得到有力体现。

第三部分由第十章组成：主要内容为高等学校财务内部控制建设的评价与监督，从内控评价的闭环效应、内控评价的价值效应、监督协同与内部控制嵌入模式三个方面对评价与监督展开研究。与传统的评价监督研究不同的是，本书研究聚焦评价的科学方法与闭环价值效应，对评价工作提出了协同架构的方式，对监督体系的协同构架，特别是财会监督、审计监督、纪检监督与内控体系协同与架构进行了探讨，使得研究展现出较强的立体性。

第三章

高等学校财务内控与高等学校治理体系现代化

高等学校财务内部控制是高等学校财务治理的核心内容，同时也是高等学校治理体系现代化水平的标志之一。《中国教育现代化2035》明确把现代教育治理体系定位为教育现代化的基础和保障，从战略层面审视，教育现代化的主要任务是推进各层级教育治理方式实现变革和创新。高校财务内部控制的协同治理在教育治理体系中应当发挥的功能和作用显而易见，高等学校治理体系现代化的内涵要求之一就是推进高等学校财务治理走向现代化，走向现代化在高等学校财务治理的实践中最为关键的就是将财务管理思维转化为协同治理观念。按照现行财政管理体制机制及制度要求，高校接受本级财政部门及教育主管部门指导、监督和管理，预算业务包括全口径纳入编制、审批、执行、调整、决算、监督、评价、反馈和运用等机制和流程。独立核算运行型会计业务，通常侧重于传统的会计工作，包括账务处理、报表编制、税务处理等。这些工作在很大程度上独立于其他部门，缺乏与其他部门的有效协同和沟通。由此，推进高校财务治理现代化，应强化财务治理结构、全面预算管理、财务数字化转型、财经队伍建设等方面，助力高校高质量发展。① 由于我国高校财务内控建设的理论与实践均处于发展过程中，其理论研究和实践经验均存在较大的提升空间，因此，本章主要聚焦于高等学校财务内控建设的理论反思和实践趋势，对于内控理论主要从高等学校财务内控的主体结构、内在动力、协同机制和效应等方面对协同治理理论进行高等教育领域的理论研究。同时，对发展目标与计划实施匹配、管理职能预算集中约束、制度控制与运行机制平衡、资源配置效率与创新竞争协同等实践趋势进行总结，以明确高等学校财务内控的实践趋势。此外，本章对高校财务内控建设的一些相关问题进行了探析，主要是对高等学校财务内控协同治理观念引领和治理困境突破的问题进行了剖析和探究，以期使研究更为丰富，也更能够结合高等学校的理论和实践实际。

第一节　高等学校财务内控建设的理论反思

　　高等学校财务内控建设要构建协同治理的良好状态和结构，离不开协同治理理论的指导，而在高校这一特殊的领域，协同治理理论在诸多方面需要与高校的特性相适应，也要与高等教育改革发展规律相适应，才能够对其的实践起到良好的指导意义。因此，我们

---

① 彭佳、张牡丹：《高校财务治理现代化的内涵和路径》，《中国社会科学报》2023年11月10日第8版。

有必要对高校财务内控协同治理理论中的几个问题进行反思，以使得协同治理理论与高校财务内控契合得更加科学合理。

一 管理主体与治理主体

高校财务内控协同治理尤为关键的是使管理主体向治理主体转变，实现多元主体的协同，这就需要更进一步明确界定高校各类财务主体向治理主体转型，建立各主体之间横纵向联系，多主体具有不同的功能和诉求，其功能的发挥是治理协同关系形成的重要保障。同时，各主体具备的资源要素也将成为协同关系有益的补充。在高校经济行为拓展的过程中，外部的主管部门主体、校内的管理部门、教职工与学生，甚至校外与高校产生经济或利益诉求的主体，均直接或间接地都参与了整个治理过程，形成并完善高校的治理结构。从微观层面分析，高校财务治理的主体主要包括校党委、法定代表人、总会计师、财务处、二级财务机构、专职财会人员等。由于我国公办高校的出资人和建校人是政府，其经济体系在经济学理论上倾向委托代理理论。一方面，通常高校被认定为公益类事业单位，学校办学被赋予一定的办学自主权；另一方面，高校同时也承担着通过多渠道业务组织收入，充分调动校内各单位办学积极性和主动性，保障高校运转和发展的责任。在财务内控协同治理中，传统的一元管理主体面临诸多挑战，高校法人居于核心位置，要统筹各类主体从管理向治理转变，构建网络化立体化的治理主体体系，充分协调和配置各方利益，全面在学校财务治理各主体间构建责任体系，确保责任体系任务清晰、运行高效，促进高校治理科学化水平。

二 治理需求与内在动力

高校财务协同治理的需求宏观上是规范财务管理，保障学校事业的发展。治理需求中重要的一环是提升资金使用效益，高校发展需求促使内部管理不断追求学校财务科学化、精细化管理，以提高资金使用效益。治理需求还体现在建立健全完善的财务内部控制体系和流程，减少风险观念的缺失所导致的非财务行为带来的资金运行风险。从高校协同治理的内在动力分析，一是政策引导，教育主管部门通过发布相关意见和办法，引导高校进一步规范财务行为，加强财务管理，提升治理能力和水平，如全面实施预算绩效管理的意见等，高校作为行政事业单位，务必使这一系列要求的遵守形成主要的内生动力。二是自身发展需求，高校为了自身的发展和提升，需要不断优化财务管理流程，提高资金使用效率，以保证学校事业健康发展。三是社会责任感，高校作为教育机构，承担着培养人才、科学研究和文化传承等社会责任，需要通过有效的财务管理，确保资源的合理配置和有效利用，以支持学校的各项事业发展。高校财务治理的需求与内在动力相互促进，共同推动高校财务管理体系的现代化和高效化，以适应高等教育的发展需求和社会对教育的期望。高校财务治理的需求与内在动力之间存在着密切的正相关关系，这种关系体现在高校对财务管理现代化的追求，以及通过加强财务管理来提升资金使用效益、防范财务风险、优化资源配置等方面。无论是提升资金使用效益、防范财务风险还是优化资源配置均是高校内在动力的体现，共同驱动高校激发内生动力，把治理要素充分融入和贯通业务全过程，全面促进协同治理"提质增效"。

三 协同机制与协同效应

财务治理协同机制是一种强调合作、信息共享、资源优化和风险管理的新型财务管理模式。财务治理协同机制是确保高校财务管理高效、规范运行的重要手段。包括管理协同机制、财务决策流程机制、资源配置分配机制、财务执行机制以及内部控制体系运行机制。协同治理机制是一种动态平衡的状态，通过权力和责任体系追求"善治"的价值追求，达到公平与效率的相对统一。在协同效应中，尤其要注重推进数字技术驱动的财务预算绩效管理及支出控制协同系统。以信息化手段为突破口，构建"制度+管理+技术"的管理机制，形成一套以预算控制为抓手，以绩效管理为目标，以智能管控为核心，以信息化、数字化、智能化为支撑的预算管理一体化协同机制，切实解决财务治理中存在的痛点及难点问题，使得财务协同产生应有的效应，包括提高财务能力、科学合理纳税筹划、目标效应等。高校财务治理协同机制和效应更加强调科学决策、高效执行、信息化管理等方式，实现财务管理的高效、规范运行，提高高校的资源配置效率和管理水平。在以学校法人为主导的协同体系下，有效研究协同治理的动力机制、平衡机制、保障机制，方能够使财务协同治理为高校的高质量发展提供有力支持。

四 科学规范与人文蕴蓄

高校财务治理的科学性和规范性是确保财务活动合理、有效进行的基础，包括但不限于预算管理的精细化、科学化，以及财务管理从核算反映型向决策支持型的转变。通过实施政府会计制度，推动高校建立以绩效为导向的预算管理体制，充分挖掘财务数据价值，实现学校财务的科学化、精细化管理。在高校财务治理中，人文性主要体现在对人的关注和尊重，以及对财务管理中人文因素的考虑。这包括优化人员评价体系，激发财务人员的工作积极性，提供完整的职称晋升通道，以及营造积极向上的工作氛围。此外，还包括通过多维平台建设，促使各方治理主体加强交流、合作，共同参与学校治理，实现教育资源的共建与共享。高校财务治理的现代化要求不仅要在科学性和规范性上下功夫，还要注重人文性的发挥。通过加强财务人员的专业能力和综合素质，提升财务管理的效率和效果。同时，通过建立和完善以章程为核心的高校财务治理制度体系，明确各方的组织性质、人员组成、权责利范围，以及不同平台间的权责分配、信息互通机制，实现多方参与、平等对话的民主管理与协商模式。高校财务治理的协同科学性和规范性与人文性是相辅相成的，因此，高校财务治理应协同科学性和人文性。要求是在确保财务活动规范、有效进行的基础上，通过优化人员评价体系、加强财务人员的专业能力和综合素质，以及建立和完善治理制度体系等措施。加强依法治校、科学治理的管理理念，打造特色治理文化，实现科学化、精细化的财务管理与人文关怀的有机结合，推动高校财务治理能力的现代化，为高校内涵式发展提供有力支持。

第二节　高等学校财务内控建设的实践趋势

随着近年来财政部门和教育主管部门对高等学校内部控制的重

视程度不断提升，规范性的要求也在逐步加强。但由于高校长期以来对财务内控制度的建设、机制的运行、评估的执行等尚处于探索和完善阶段，不可避免地会出现一些问题。从内控实践审视，其产生问题的原因很多并不是表面现象，而是与高校改革发展模式及客观状况相符合的阶段性问题。其中最为主要的是发展战略目标与计划实施匹配、管理职能散化与预算集中约束、制度核心控制与运行机制平衡、资源配置效率与创新竞争协同之间所形成的一些实践矛盾和冲突，清楚认识这些矛盾和冲突，有助于我们从深层次把握其实践趋势。

一　发展战略目标与计划实施匹配

高校在实施发展战略与计划时，面临着多种财务冲突，这些冲突主要源于内部管理的复杂性、外部环境的动态变化以及财务管理目标的不一致性。在"双一流"建设背景下，坚持围绕学科和专业的建设发展布局资源是高等学校发展的新理念，近年来得到了高等学校的广泛认同。而这一创新发展模式给财务预算管理带来了新的挑战。首先，学科专业发展目标通常需要按时间进度和项目化清单进行有效分解，多目标决策往往没有相应的绩效达成目标进行对应，因此财务管理通常在决策环节上出现脱节。其次，现实中高校预算与政府预算无法有效对接，同一预算绩效目标需要多类资金"拼盘"，使得审视绩效目标时出现"外行看不懂，内行说不清"的情况。最后，基层单位在绩效指标标准定性、定量两个方面的指标设定上存在较大困难。单纯通过成本性、效益性的一些定量或定性指标难以判断发展目标与绩效目标是否契合，影响了绩效分析和判断。因此，高校应确保财务管理制度与学校的发展规划相匹配，避免出现因财务管理不善而导致的各种冲突，如财务管理目标模糊、财务预算收支不平衡、资产管理效率低下、精神文化与制度文化的不同步。这些财务冲突不仅影响了高校的正常运行和发展，还制约了高校战略目标的实现。因此，高校需要采取有效的措施来解决这些冲突，确保财务管理的有效性和效率，需要综合考虑内外环境的变化，灵活调整计划，以适应不断变化的市场需求和学科发展趋势，同时保持与政府政策相协调，确保发展战略的可持续性和有效性。

二　管理职能散化与预算集中约束

高校为了解决财务管理职能散化的问题，逐步实施了规范的一级财务管理模式，此举使预算集中约束得到了强化，但由于业务分散度较高，使得高校财务管理职能散化与预算集中约束失衡的情形一定程度还存在于各项业务之中，主要体现在财务管理体制不完善、财务预算管理执行不严、缺乏健全的绩效评价体系三个方面。一是财务管理体制不完善。主要体现在高校普遍实行"统一领导、分级管理"的财务管理体制，集中核算的要求使得高校财务管理过分集中于财务职能部门，二级学院的财务责任和权利，甚至专业能力均明显弱化，普遍存在一方面是管理责任重，而另一方面管理人员财务专业能力薄弱。很多高校多校区办学，财务管理渗透到各个校区的各个方面，管理职能散化的现象十分明显。二是财务预算管理执行不严。财务预算是高校财务工作的核心，但实际工作中存在诸多问题。高校预算编制一方面要严格遵守财政预算要求，另一方面要结合学校实际全口径编制校内预算，一定程度存在"两张皮"情形。近年普遍存在预算编制时间和经费预算批复、下达、到位后的实际执行时间跨度较大的客观情况，使得预算执行时产生较大差异，无法进行有效的监控，很多高校为克服和避免实际矛盾，未采取任何控制措施。在约束机制方面，财政和学校往往只片面重视预算执行率，约束方式单一地表现为进行定期通报，反而预算绩效目标的阶段性执行情况缺乏有效关注。这一约束机制的缺失，最明显的就是容易导致两种情形的发生：一是执行单位为追求预算执行进度而突击花钱，忽视了"花钱必问效，无效必问责"的原则，有的甚至出现超预算开支；二是部分经费支出偏离初期设定的绩效目标，最终形成的绩效评价结果与设置的绩效目标、绩效指标相去甚远。高校在财务管理上存在职能散化与预算集中约束失衡的情况，需要通过完善财务管理体制、严格执行财务预算、建立有效的绩效评价体系等措施来加以改进，以提高高校财务管理的效率和效果。

三 制度核心控制与运行机制平衡

经过多年建设，高等学校已建立和完善了诸多财务内部控制制度，在基础性的权责赋予、内控制约、互相监督方面有了一定的基础。但在形成全面内控的体系方面还存在较大的差距，实践过程中要解决体系的问题，一是高校应对经济活动进行全面控制。按照分事行权、分岗设权、分级授权的要求，科学合理设置机构和岗位权责，确保内部控制在分权的基础上充分高效地运行。二是高校应建立健全财务风险防控机制。作为相对闭环的高等教育领域，高等学校财务风险有着其特殊的表现形式。近年来，随着高等学校招生规模的扩大，以及"双一流"背景下发展的愿景增强，校区建设筹融资导致规模性举债建设。"双一流"发展推动了教学科研平台条件建设投入力度不断提升，海内外高校和科研机构合作研究、对外合作办学等，方式逐步呈现多元化态势。以学校资产获取收益弥补办学投入不足的力度不断加大，使得在原有传统财务管理风险的基础上叠加出现了诸多新型财务风险。三是形成以内部控制制度为核心的财务管理制度，把权力关进制度的笼子，规范财权运行。学校应当成立由学校主要负责人牵头的工作领导小组，明确内部控制牵头部门，配备专业人员，加快推进内部控制制度建设。四是在重点领域应建立健全支付管理办法和审批程序，成立由财务、资产、基建、审计、纪检监察等部门负责人组成的会审工作小组，严格实行支付会审、会签牵制制度，确保资金的安全完整。

四 资源配置效率与创新竞争协同

高校财务管理资源配置效率与创新竞争协同的形成是高校财务内控协同治理的重要目标，也是较高管理水平的要求。目前很多高校在此方面还存在较大的差距。资源配置效率与创新竞争协同体现在多个方面，包括财务运行机制创新、财务治理现代化、内部教育资源优化配置，以及对外开放和文明互鉴。高校在发展过程中，协同创新是一个重要趋势，因此必须实现财务运行机制上的创新，以适应这一趋势。这要求明确协同创新理论与运行机制，并采取与其同步的财务运行机制创新策略。一是高校财务管理创新协同方法应用方面，包括增加创新收益、优化成本管理、金融工具应用的创新、高效预算管理、科学合理的风险防控管理、时时关注现金流量管理、合理使用财务分析工具。二是优化成本管理方面，高校要打破成本观念淡薄的顽疾，实现成本与价值的平衡，提高对成本的管控能力，减少资源浪费。采用现代的供应链管理，优化供应商关系，降低采购成本。三是金融工具应用的创新方面。要充分利用政策主导的金融产品和结构化融资工具，进行风险管理，优化融资成本，提高资金利用效率。此外要掌握动态风险管理，及时发现不适应政策要求和市场条件变化所带来的风险，及时调整并进行风险管理，科学合理地防控风险。建立风险防控管理机制，制定统一的风险防控体系，协同各职能部门，及时发现问题，解决困难，迅速应对，时时关注现金流量管理。建立稳健的现金流量管理体系，保障资金的流动性，避免资金紧张，提高资金使用效益，优化资源配置，降低财务风险，同时确保高校财务管理的创新性和适应性。

第三节 高等学校财务内控建设的问题思辨

习近平总书记强调："每个时代总有属于它自己的问题，只要科学地认识、准确地把握、正确地解决这些问题，就能够把我们的社会不断推向前进。"高等学校财务内控协同治理建设中，要解决的问题可能是多方面的，从矛盾论的观念出发，我们要抓住主要矛盾和矛盾的主要方面。也就是说要把财务内控建设中的主要问题的解决作为重要的抓手，以问题为导向，解决问题推动工作。本节我们从高等学校财务内控的实践出发，分析高等学校财务内控实践中的四个主要问题，分别是知识经济、外部环境与治理调控能力；非营利性、成本绩效与发展进路冲突；信息融合、职权分配与协同机制构建；内控评价、激励机制与动力效用统一，对主要问题逐一进行辨析。

一 知识经济、外部环境与治理调控能力

高等学校财务知识经济、外部环境与治理调控能力是高校财务管理的重要组成部分，它们共同影响着高校财务治理的现代化进程。随着知识经济的崛起和高新技术的发展，高校财务管理面临着新的挑战和机遇，高校需要不断更新财务管理理念和方法，适应知识经济发展的需求。例如，财务管理人员需要掌握现代信息技术，利用大数据、人工智能等先进技术提升财务管理的效率和准确性。同时，高校还应关注国际财务管理操作能力，熟悉国际通行的管理会计体系，以便更好地参与国际交流与合作。高校的外部环境包括政策环境、经济环境、社会文化环境等，这些因素对高校财务治理有着直接影响。例如，国家政策的调整、经济形势的变化、社会对教育的需求和期望等，都要求高校财务管理工作作出相应的调整和优化。治理调控能力是高校财务管理现代化的核心，高校需要密切关注外部环境的变化，及时调整财务策略，确保财务管理的适应性和前瞻性。高校应当关注以创新智能化背景下的管理内生动力驱动发展，以期主动适应变革，把内生动力不断提升为自身核心竞争力的增强效应。通过业财融合实现全方位、全过程和全覆盖的预算绩效管理模式。汇聚各类创新资源，推动原创性、高质量发展动能，

增强高校在新质生产力构建和发展中的功能。如何优化财务决策、预算执行、监督机制，确保财务决策的科学性，是提升治理调控能力的重要途径。高校财务知识经济、外部环境与治理调控能力是相互关联、相互影响的，高等学校需要通过不断学习和创新，适应知识经济的发展需求，优化外部环境应对策略，增强内部治理调控能力，以实现财务管理的现代化和高效化。

二 非营利性、成本绩效与发展进路冲突

高校作为非营利性机构，其核心目标是提供教育服务而非追求利润最大化。然而，随着教育行业的发展和改革，成本绩效管理逐渐成为高校财务管理的重要组成部分，旨在通过有效的成本控制和资源利用，提高教育质量和效率。这一过程中，高校面临着多方面的挑战和冲突，一是成本管理责任不明确。在成本绩效管理的实施过程中，责任分工不明确，影响了工作效率和质量提升。这表明在非营利性的大背景下，如何明确管理责任，确保成本控制的有效性，是高校需要解决的一个重要问题。二是成本控制工作机制不完善。宏观层面，成本绩效管理与预算管理的内在联系尚未完全理顺，全过程成本绩效与全成本绩效管理机制存在差异，影响了工作任务的有效落实。高校在推进成本绩效管理时，需要进一步完善工作机制，确保各项管理措施的有效实施。三是资源依赖与资金问题。部分高校资金来源单一，主要依赖学费和学生住宿费用，面临资金支持发展能力不足的问题，这在一定程度上限制了高校在非营利性原则下的资源获取和能力提升，影响了高校的发展进路。此外，科研合作与资源竞争加剧，现行绩效评价体制加剧了教师和科研人员间

的"恶性竞争",抑制了教师积极参与科研合作的态度和热情。这表明在追求成本绩效的同时,如何平衡科研合作与资源竞争,促进跨单位、跨学科的良性合作,是高校发展进程中需要解决的问题。高校在追求财务非营利性的同时,通过实施成本绩效管理提高教育质量和效率的过程中,面临着多方面的挑战和冲突。解决这些问题,需要在明确管理责任、完善工作机制、拓宽资金来源、促进科研合作等方面进行改进和探索。

三 信息融合、职权分配与协同机制构建

高校财务内控信息化融合不够的问题一直长期存在,首先,其中最关键的影响因素便是内控理念和控制活动未充分嵌入信息系统,存在信息系统建设碎片化、数据应用孤岛化等问题,影响内控的支撑与管控作用。这一问题的推进解决首先是高校现行财务信息化系统和体系重构,在业务财务一体化管理平台的搭建中,充分把信息化和智能化功能有效介入、深度集成。其次,数据共享机制体系的建立,在数据交换平台上建立协同办公系统,实现财务处与其他职能部门之间的数据共享,优化业务流程,提高数据传递的准确性和时效性。最后,在内控职能职权分配上,高校由于其工作的滞后,通常存在职责职权明晰不足的问题。在内控协同问题上,必须成立内部控制建设工作领导小组或相应的职能机构,牵头规划和制定内部控制建设的基本思路、工作重点、职责赋予等内部控制规程,确保内部控制参与者为全部门、全过程、全要素。构建内控协同机制是治理成效的关键,构建内控协同机制、完善内部控制体系,确保其结构的完整性和制度化,以科学决策和降低风险。通过

将涉及经济事项的财务决策在不同层级岗位上明确规范其权限，使整体决策与审批执行流程均纳入内控机制，把决策流程与内控制度有效契合并形成制度化，切实实现有规可依、有章可循。此外，高校内部会计控制体系的构建也是加强高校治理结构、完善内部管理制度的关键举措，这一目标也需通过构建内控协同机制得以实现。

四　内控评价、激励机制与动力效用统一

高校财务内控评价与激励机制的缺失是高校财务内控内生动力不足的主要因素，完善评价与激励旨在通过不同的激励措施和激励方式协调配置资源，激发个体对学校事业的贡献度，不断提高整体价值目标与个人发展目标的协调实现。内控评价与激励机制也是高校约束机制的一种重要手段。财务内控评价与激励机制的应用不仅关注经济活动风险定期评估机制的建立与实施，还包括对内部控制设计与运行情况的全面评价。通过围绕风险评估和控制方法、单位层面内部控制、业务层面内部控制、评价与监督等要素，针对高校财务和经济事项的内部控制特点确立评价方式和内容，特别是强化内部控制的效率和公认度。把内部控制的评价纳入学校的奖惩激励、职务晋升等人事管理之中，使内控评价得到激励功能的保障，从而确保内部控制的有效实施。因此，高校财务内控评价与激励机制的动力效用是通过优化资源配置、激发员工积极性、促进内部控制的有效实施等手段，提高高校的管理效率和资源使用效率，从而促进高校的战略目标的实现。

第四节 高等学校财务内控协同治理观念引领

财务内控协同治理观念引领核心目标是推动财务管理理念变革、构建创新的财务内控管理模式的理念更新，以期破除协同治理实践的思想障碍。高等学校财务由管理向治理转型过程中，观念滞后的影响和制约首当其冲。当前高校发展理念相比从前有了质的变化，不再盲目追求速度与规模，高质量发展和可持续性发展成为发展的内涵要素。高校财务内控治理应当是社会效益、经济效益、文化效益、生态效益以及可持续发展的综合化绩效目标，这就需要理念更新和思维的变革引领治理走向深入。本节对高等学校财务内控协同治理的观念进行深入的剖析，以期观念引领成为治理工作的先导。

一 理念更新与思维变革

发展理念对发展实践具有决定性的引领功能。发展理念一定程度指导和引领发展实践，从而塑造相应的发展形态。协同治理理念是改进财务管理行为的先导，首先，高等学校管理层应当把财务绩效管理的资源配置优化、业务目标契合、项目绩效目标实现以及风险防范化解等功能和职能嵌入学校发展的制度治理和机制构建中，把核心的绩效观念形成提升到学校治理现代化的层面加以审视，引导全员在新的管理制度体系下提升理念和更新观念。其次，与干部人事队伍建设相结合。以目标导向和问题导向作为牵引，把人的因素、财的因素在内控协同治理中充分体现，倡导新观念、启用新人才、培育新理念。最后，强化全员理念更新意识。把协同治理的新管理理念提升到全员注重的状态，充分明确学校绩效管理的达成目标和途径，养成良好的绩效导向执行氛围，凝聚共同服务学校发展目标和财务效能的合力，以理念和观念的变化促进学校效能治理现代化。

二 系统治理与协同效应

高校财务内控的协同治理涵盖了高校内部的财务管理、会计核算、预算管理、风险管理等多个方面，治理的系统性强调整体性、综合性和相互依赖性。系统思维将事物作为系统，从系统和要素、要素和要素、系统和环境的相互联系、相互作用中综合地考察认识对象。这种思维方式不仅关注个别元素，而且重视元素之间的相互关系和相互影响，是联系观和发展观的体现。协同效应的体现首先是资金利用效率提高，通过合作或整合，高校可以更有效地利用各自的资金资源。其次是成本节约，在财务管理、会计核算、税务筹划等方面，通过合作可以实现规模效应，降低单位成本。例如，共同采购、共享财务服务、联合税务筹划等都可以带来成本的节约。最后是财务风险的显著降低，通过合作或整合，高校可以分散投资风险。例如，在科研项目、基础设施建设等方面的投资，可以通过多方合作来应对风险，提高项目的成功率，高校财务协同效应的具体表现形式和效果可能因合作方式、合作内容、合作对象等因素而异。此外，高校在追求财务协同效应的同时，也需要关注合作或整合可能带来的风险和挑战。

三 绩效观念与激励效能

绩效观念的养成是高校财务内控治理中的关键要素。高等学校从传统的成本收支核算型管理逐步向管理会计型转变。管理会计背景下的预算绩效管理不断面临观念、机制、制度的考量和考验，从更高程度上看，预算绩效管理的质量直接影响和决定着高等学校事业发展的质量与可持续性。财务预算绩效管理从管理学角度既是一种相对先进的管理理念，同时在实践中也形成了相对完整的制度和机制。而新时代高等学校外部环境、内部管理需求以及制度环境均面临新的考验。2020年10月施行的《中华人民共和国预算法实施条例》中，国家明确地对预算绩效报告作为单位主要职责做出了法律规定。因此，高等学校财务预算工作中以绩效引领预算编制的观念由此必须得到构建。高等学校财务协同治理在绩效观念上要构建和树立核心绩效观。核心绩效观的建立不是一蹴而就建立相应制度规定即可以达成的目标，而是全员性、全局性的观念变革和实践探索总结。鉴于此，需要在理念更新、效率优化、业财融合、评价体系及文化养成等方面着力探索新的建设途径，将预算绩效管理核心意识和观念贯穿于预算绩效管理全过程。协同治理的激励效能是高等学校管理中的弱项，现代管理学强调人才管理，激励是管理者可采取的管理方法之一，在高校财务内控中，激励机制是核心内容。缺乏激励机制会导致内控效能低下，影响高校事业的发展。因此，高校的财务内部控制应当包括具有激励性的内容，通过制度约束和激励机制相辅相成，构成完备的高校财务内控体系，以更好地发挥财务控制在高校事业发展中的作用。

四　业财融合与质效提增

在高校财务预算管理中，业财融合是核心理念重要的效能工具，无论是从方法、功能、要求、理念方面对其进行描述均不为过。业财融合是长期的系统性工程，它需要全员参与、全方位融合、全要素融合、全过程融合、全覆盖推进，有了核心绩效观的指导，就有可能实现主动融、全面融、深度融、常态融、长期融，持续提升内部管理水平、资源配置效率、成本管控水平及风险防范能力，推进业财绩一体融合。高等学校预算管理在业财融合中的主要方式是要把握住不同的业务内涵、实施周期等特征，建立针对项目的分类体系，并通过项目分类体系，构建针对不同类型项目的预算绩效管理方式。由于财务管理职能部门受财政监管及会计制度要求的严格限制，通过财务和业务深度融合，客观上无法对业务部门绩效达成发展目标进行动态调整，这一差异性通常导致在决策目标上出现缺陷，树立核心绩效观，从实现目标适配上强化目标导向，把目标预算分解与执行责任落实并统筹结合。在预算管理效率的优化上，针对现有财务管理框架和机制，以程序为切入点充分发挥下沉基层，做好项目库储备及可行性论证。把目标适配性放在首要位置加以测量，从而在源头上为提高内部管理水平、提升预算效率打下坚实的基础。将资源配置权责进一步下移至职能部门和二级学院（学部），按照权责相统一的原则，先行做好事权划分，再按照事权与支出责任相结合的原则进行执行与评价，在这一过程中重点关注成本控制，亦即成本优化和效益最大化。有效提升协同质效，一方面要借助信息化手段实现数据全面共享，发挥财务分析对业务的支持作用；另一方面要把业务遵循财务预算绩效这一规划和发展主线真正贯通业务全过程，真正使业财融合做到"提质增效"。

第五节　高等学校财务内控协同治理困境突破

高等教育发展的宏观经济背景即经济新常态，由于财政收入增速和财政投入的减缓，高等教育可持续发展面临挑战，"双一流"建设成为引领高校财政保障投入的发展压力。高校发展面临的宏观制约和困境，其一是高等教育经费来源多元化格局远未形成，绝大部分高校在经费上仍然依靠财政拨款，面临调整机制以引导资源投入多元化、下放权力以提高资源投入效率、鼓励积累以纾解资源投入压力等挑战。其二是内部资源配置机制改革的需求动能不足，在"双一流"建设背景下，以学科引领高校人、财、物资源配置是打破高校僵化的资源配置模式的必然要求。在这样的背景下，高校发展规划由于保障能力的缺失，使得财务内控无法面对刚性支出与发展性支出带来的冲击，全局价值与系统治理失衡，成本测算不精确、效益难以测度，加之信息与智能建设迟滞，诸多困境导致财务内控治理的内生动力不断弱化。学校要摆脱这些困境，必须科学地认识困境，分析原因，一方面走出现有困境，另一方面切实避免走入新的困境。

一　规划引领与内生弱化困境

高等学校规划是学校发展的目标体现和行动指南，高等学校规划本身的困境深刻影响着财务治理。高等院校在制定战略规划时，往往对明确、具体的战略目标认识不足，导致实施过程中方向不明，资源配置不够合理。这主要原因是对学校内部资源的评估不足或对外部环境的变化反应迟缓，由此还会导致高等院校在资源分配上常常出现不够科学合理的情况。加之规划的组织结构往往过于僵化，难以适应快速变化的市场环境和内外部需求，使得高校的规划引领功能呈逐步弱化态势。高校人员流动，特别是领导决策层面的流动较快，使得规划在财务内控工作中指导的连续性受到较大的影响。高校财务治理的内生动力，即推动高校财务管理不断进步和创新的内在力量，主要来源于基层的活力。这种活力的激发和释放，有助于高校发展的内生动力增强，进而促进高校的整体发展。高校财务治理的内生动力涉及财务管理的各个方面，包括预算绩效管理、资源配置、资金使用效益等。由于规划引领功能的弱化，必将导致财务治理的内生动力失去目标和约束，财务内控的协同治理成为空中楼阁，不能够发挥其功能和作用。

二　全局价值与系统失衡困境

高等学校财务工作对高校发展的全局价值有着强烈的影响。高校财务价值失衡主要体现在预算管理风险、资金来源单一、资金运用缺乏合理性、债务风险等方面。随着高等教育改革的不断深入，高校成为法人实体，发展资金需求与财政拨款间的缺口矛盾存在。然而，诸多高校在发展过程中，由于政绩观和发展观的偏差，在办学过程中不能正确认识高校财务对发展的支撑能力，在不具备条件的情况下，超财力投资基本建设和发展项目，使学校综合财力出现入不敷出的情况，或者产生大量债务。在政府拨款不足以支撑的情况下，有的高校存在大规模新建校舍，甚至在得不到审批的情况下向非银行类融资平台进行建设经费的社会融资。银行贷款和社会融资属于实际的借入资金，此类负债由于高校各类资产禁止用于经济担保事项，很多高校选择用收费权进行担保融资，而收费实质上必须用于运转，根本不可能太多用于偿还债务，但银行等融资平台因为高校的行政事业单位属性和较高的信用，在贷款筹集资金时放松准入条件。高校凭自身财力仅能够维持利息支付，长此以往，高校不得不面对资金短缺的困境，从而耽误了对教学科研工作的投入，对高校的发展造成较大影响。全局价值与系统失衡是高校财务内控最需要避免陷入的困境，如产生控制缺失，学校将陷入极大的财务与发展风险之中，因此，高校必须高度关注财务价值与系统失衡问题。

三 成本缺失与效益测度困境

高校财务管理中存在"所有者缺位"的问题，国家及行政管理部门作为出资人并不直接参与财务管理，导致公共资源供给后缺乏对高校成本核算的管理。高校除了学费调整之外，通常的会计业务中不考虑成本核算。因此，高校在成本管理中具备较大弹性，成本管理的功能相对弱化。新政府会计制度的实施以及《事业单位成本核算基本指引》的执行，为高等学校实施成本核算夯实了基础和指引了方向，为推动全面绩效激励约束机制奠定了良好的基础。然而，过去高校一直执行以收付实现制为基础的核算方式，导致成本不能有效计量。2019年政府会计准则制度的施行，提升了对行政事业单位的成本计量和财政资金使用绩效评价工作的关注度。财政部制订的《事业单位成本核算基本指引》和《事业单位成本核算具体指引——高等学校》，对高校等事业单位的成本缺失进行了有效的规范。但由于公办高等学校法人治理结构尚不完善，存在类似于国有企业存在的问题，如所有者管理缺位、产权主体虚置等，导致预算资金的浪费，影响学校的资源配置和办学质量效益。因此，高校成本管理的体系亟待得到新的探索和构建，同时，绩效评价也有了一定的测度要求，在办学过程中不断优化办学资源投入与管理，努力推进校内各类型资金的绩效评价改革，使高校管理决策和各部门、各学院（学部）以及广大教职工都树立正确的绩效观念，全面构建成本效益观，共同致力优化高校资源科学合理的配置，不断从机制上解决成本与效益的运行效能问题。

四 高能信息与智能迟滞困境

高校财务智能化建设的迟滞主要体现在信息化共享功能不完善、智能化程度低、决策支持提供能力弱化等方面。高校财务信息化建设由于内部结构层级较为复杂，信息变化快速的特点，使得财务信息本身很容易形成"孤岛"，不能够较好地融入学校的信息化建设中，能够使用的信息也呈现"低能"的现状。很多高校囿于传统思维，对智能化建设理解不透，参与度不高，使得在信息化建设上往往被外部环境和实际使用需求"推着走"，十分被动。高等学校会计信息化一直以来依赖传统财务软件，尽管规范的传统财务软件夯实了高校会计核算工作的基础。但现行的财务核算并不能够精准反映会计核算等会计信息系统与人事系统、教务系统、学生管理系统、资产管理系统、招标采购系统、科研管理系统等业务系统的有机融合，在内部控制的要求下，很多高校积极构建以自描述结构化数据为基础的内部管理信息系统，力图实现会计信息系统与业务系统的有机融合，但真正能够达成目标的融合尚不多见。其中既有客观上业务融合难度相对较大的因素，又有囿于观念和思维陈旧导致的效率低下。业财融合在未能成为刚性约束的现实条件下，必须充分调动各级管理部门和财务部门的进取意识和效率意识，解决好这一关键要素，才能够真正让管理会计落实落细，产生效率。尽管信息化与智能化已成为高校财务治理发展的必然课题，但高校依然面临着治理动能不足的困境，这些问题限制了高校财务管理效率的提升和财务资源的合理利用。外部环境与内部需求的变化对高校财务信息化建设提出了更高的要求，信息网络技术高速发展，从移动互联网到人工智能技术的运用，使得高校财务管理举措不断丰富，能够便捷地实现业务与财务数据的共享，可以有效打破"信息孤岛""数据烟囱"的格局。一方面将全过程的财务活动与校内各主体教育、科研活动紧密相连；另一方面将财务信息流与财务关系贯通到不同业务流程中，实施从预算源头到绩效评价反馈的全流程业务与财务融通。利用过程性的财务预算和业务成本分析，高效延伸了财务预算管理职能，通过移动互联网技术提高业务与财务管理的科学性、合理性和有效性，以数据驱动改变业务与财务分离的状况。

第四章

高等学校预算业务内控建设的协同架构

预算是财政的核心，现代预算制度是国家治理体系的重要内容。经济业务活动的财务起点在于预算。《中华人民共和国预算法》明确规定了坚持预算法定的原则，秉持法治观念，增强纪律意识，严肃财经纪律，注重预算约束，着力提升制度执行力是行政事业单位在预算业务中开展内控建设的重要目标。高等教育和高等学校高质量发展推进的动力源集中体现在资源配置，而资源配置的关键在于财务预算分配，从预算工作的管理权限、预算收支的范围、全口径预算编制、预算执行、预算调整、决算管理、监督、法律责任等方面强化预算控制和约束是高校财务内控的重要内容。从法定责任的刚性法规约束看待预算业务是高等学校依法治校建设中应当持有的坚定态度。尊崇法定要求，加强预算管理各项制度的系统集成、协同高效建设是高校财务治理中最重要的实践问题。因此，从高等学校预算业务控制协同治理的角度，本章对高校预算业务控制建设的内容进行全面归纳分析，对协同方式进行深入研究阐释，在此基础上对高校预算业务协同运行进行深度探析，以期在协同治理理论指导下对预算业务内控建设实践层面进行全面深入的研究，提出行之有效的建设策略。

第一节　高校预算业务内控建设综述

一　预算业务内控概念及范围

高校预算业务内部控制是指高等学校在围绕学校事业发展目标，逐年度编制经费收支计划的过程中，通过建立预算管理制度、对预算下达和执行进行流程控制，对学校收入和支出进行有效管控，保障学校正常经济业务运转并避免产生财务风险的系列管理控制行为。预算由收入预算和支出预算构成，是指高等学校根据事业发展规划和计划，科学编制的年度财务收支计划。决算是指高等学校年度预算执行终了，根据全年预算收支执行结果，编制决算报告的过程，包括会计报表、报表附注和财务分析情况说明。全面预算是指综合反映学校在一定时期内完成各项教育、科研事业计划的全口径预算。全面预算管理是综合财务预算管理的进一步完善，是高校财务制度改革的必然要求，有助于学校战略规划的实现和资源的配置与整合。高校预算业务内控包括预算编制、预算审查与批准、预算执行与调整、预算绩效评价、评价反馈、结果应用等环节。

二 预算业务内控的目标定位

高校预算管理的核心在于通过预算编制、执行、协调、评估等环节，从经费保证角度分解和落实学校的发展战略目标，从而实现资源的合理配置，确保学校的收支平衡和健康发展。预算管理不仅涉及业务预算、财务预算和资本支出预算三大块内容，而且其作用主要体现在帮助高校实现发展目标、控制各项业务活动有序开展，以及通过预算来控制业务，通过激励达成预算目标。总体来说，高校预算管理的目标包括：一是优化资源配置，通过预算管理，高校可以有效地分配和利用资源，确保教育资源得到合理配置，支持学校的教学、科研和其他活动。二是控制财务风险，预算管理有助于高校控制财务风险，通过预算的控制功能，减少不必要的开支，避免财务危机，保障学校的稳定运行。三是确定年度支出限额，预算管理为高校设定了年度支出限额，确保学校的财务活动在预算范围内进行，避免超支，提高资金使用效率。这些目标的实现，不仅关系到高校的财务健康，也直接影响到高校的教育质量、科研水平和整体发展。因此，高校预算管理不仅是财务管理的一部分，也是学校整体管理的重要组成部分。在年度预算业务中，高校应按照"统一领导，分级管理"的原则，在制度规范的基础上对各环节的风险强化识别和防范，定期开展专项、全面的梳理，同时分析形成原因，并采取合理手段加以有效防范和控制。具体而言高校预算业务内部控制目标体现在下述四个方面：一是预算编制科学、合理，符合学校教育事业整体发展规划和学校任务目标。二是预算方案得到有效执行，有完整的预算执行跟踪体系，能及时发现和控制预算偏差。三是预算调整具备充分的必要性和合理性，预算调整符合规定并通过审批。四是预算分析考核指标科学，预算绩效考核评价过程公平、公正、客观。

三 预算业务内控的风险关注

高等学校预算业务的风险主要考量预算编制的科学性和合理性，确保高校资源的合理配置和有效使用。高等学校预算管理和决算管理应重点关注下列风险：一是预算与学校事业发展目标匹配度不足，年度预算及资产配置突破学校财力，造成系统性经济风险。二是预算约束力流于形式，收入未能及时全额纳入预算管理。三是未经决策程序进行预算调整，带来资金管理失控。四是决算工作不细致，导致决算信息质量低下，无法真实、准确反映学校财务状况、运行情况（含运行成本）、现金流量等情况，甚至给学校管理层的决策带来困难。五是不编制预算或者不能在合理的时间内编制预算，使得学校各项任务缺乏资金保证。六是预算编制与预算执行脱节，不能严格按照预算编制数安排收支；部门间缺乏有效沟通，导致预算执行进度不合理，执行过快或者过慢；预算调整较为随意，不能严格按照预算调整程序层层审批，导致预算控制失去原有意义。七是无预算考核机制或者预算考核机制不完善，致使预算不能严格按照预算编制执行；决算与预算存在脱节、口径不一；会计科目设置与预算收支科目不一致，预算执行效率无法进行准确分析和考核，预算绩效目标未能实现。八是未按要求定期开展预算绩效运行监控，在项目实施过程中没有及时纠偏，项目执行完毕未组织实施有效的预算绩效评价，可能导致预算资金使用效益低下。

第二节　高校预算业务内控协同方式探析

一　职责配置与授权审批

全面预算是高校必须实施的刚性要求，而预算业务由于其本身的特点，在参与主体和程序遵循方面的特殊性尤其突出，全面预算管理工作的组织领导、职责配置以及预算执行均应当注重职责权限的合理配置。首先，高校应科学合理设置预算管理岗位，明确预算管理岗位的职责职权，确保不相容岗位严格分离。具体体现在预算编制、预算审批、预算执行、预算调整、绩效运行监控、绩效评价等环节。预算管理不相容岗位主要包括：一是预算编制（含预算调整）与预算审批；二是预算审查批准与预算执行；三是预算执行与绩效评价；四是预算执行与监督。其次，高校财务处应结合学校实际制定规范的预算业务管理工作流程，将预算编制、预算审批、预算执行、预算调整、绩效运行监控、绩效评价等各环节进行全过程管控。通过岗位、职责权限分离形成相互监督和制衡，确保预算管理工作全方位、全过程、全覆盖得到有效控制。再次，高校应成立预算管理委员会，负责研究讨论学校预算草案、预算调整方案、预算执行情况分析报告，协调解决预算管理过程中出现的重大问题，组织开展预算绩效评价和预决算年度执行结果分析等工作。最后，高校应当建立健全预决算的议事决策和监督检查制度，确定预决算归口管理部门和预算执行主体，明确各自职责、分工和权限。

高校预决算机构一般包括决策机构、执行机构和监督机构。预算管理委员会是学校全面预算管理的议事机构，校长办公会、党委会是学校全面预算管理的决策审议、审定机构。审议、决策职责包括但不限于下列内容：学校预算管理相关规章制度、学校年度预算草案、学校年度预算调整方案、学校年度决算报告等。总会计师或分管财务工作的校领导应协助学校主要负责人开展预决算管理工作。学校财务部门负责全面预算的具体编制、执行、调整和考核等工作，配合上级财政部门和审计部门对学校全面预算的审计或检查。具体负责拟定学校年度预算编制的草案；审核汇总学校各部门的年度预算草案；根据财政控制数，分解细化预算明细项；汇总审核学校年度预算、决算草案；拟定学校预算调整及追加方案；对学校年度预算执行进行全程监控分析；对学校全面预算的执行情况进行考核评价。学校二级单位及学院（学部）、各部门负责本单位年度预算编制，组织和监督本学院（学部）、部门预算执行以及承担的校级特定目标发展专项预算的执行，学院（学部）党政联席会议负责审议本学院（学部）的预算草案。学校应将各单位主要负责人履行预算管理职责的情况纳入领导干部经济责任审计范围。此外，学校审计部门是预算监督机构。应当组织校内预算年度审计并评价学校预算管理制度建设和绩效目标实现的有效性，提出全面预算管理的内部控制缺陷；审计监督预算编制、执行、调整、考核和决算各环节；组织各项经费收支的内部审计，督促整改审计过程中发现的问题。总之，学校应建立健全全面预算管理的集体决策、预算调整审查审批、预算执行分析考核、支出分级授权审批、预算绩效考核评价监督等机制，健全完善学校全面预算绩效管理制度体系。

二 预算业务活动控制

(一) 预算编制

高校预算工作，首先，应当明确预算编制的原则。其次，确立预算绩效目标，正确评价分析年度预算执行结果。在科学合理预测当年收支规模的前提下，围绕学校事业发展规划、目标及年度工作计划等，保证学校已明确的重点工作任务，统筹兼顾各单位的预算需求，在讲求绩效的同时力争与学校财力可控形成有机统一。最后，在预算编制过程中，应按照全口径原则、上下结合、分级编制、逐级汇总的程序，统筹考虑结转和结余情况，按照上级主管部门和财政部门的工作要求，采用科学、合理的方法细化预算编制。其中尤其要注意提前综合测算预算年度各项收入，对各部门预算建议数进行审核、汇总，经过充分论证、反复沟通确保实现收支平衡。预算批复后将绩效目标连同资金一并按职能、责任或任务分配，下达到校内各个预算执行主体。

收入预算编制的首要原则是积极稳妥，编制预算收入应考虑经费来源的现状、现有资源的利用情况、行业的发展趋势等因素，同时要兼顾收入增长目标的合理性以及统筹收支平衡，实现应收尽收。学校积极组织预算收入，各单位对应上缴学校的预算收入，应积极主动及时足额上缴，不得拖欠、截留或挪用，学校应当按照收入性质及相关规定对各类创收进行合理分配。

支出预算编制的原则是统筹兼顾、保证重点、厉行节约、过紧日子，既要考虑实际需要保障人员和公用支出等正常的运转经费，又要兼顾财力按先急后缓原则统筹合理安排事业发展专项支出预算，不列赤字预算。各预算执行单位应严格执行"一支笔"审批制度进行支出预算的列支，即只能由行政主要负责人全权负责本单位各类预算支出报销的审批。对于基本建设项目、大型修缮工程、信息化重大建设项目、大宗物资采购、服务采购等支出总金额较大、专业性强、技术复杂等重大事项，应组织专家对经济合理性、项目必要性、方案可行性等进行全面综合科学的论证。高校根据国家法律法规及学校建设发展的需要，可按本级一般公共基本支出预算的1%—3%设置预备费。当年预算执行过程中，因政策调整或应对突发事件而增加的支出及其他难以预见的支出，必须经"三重一大"的程序审批决策方可执行。

通常情况下，高校预算方案按照上下结合、分级编制、逐级汇总的"二上二下"流程进行编制。"一上"指由财务部门组织召开预算编制准备会，明确预算编制工作要求。校内各单位结合本单位实际、统筹考虑结转结余情况，按财务部门要求编制下年度收支预算草案并上报。"一下"指财务部门对各单位预算草案进行审核、分析、沟通、汇总、上报学校。学校研究决定下年预算相关政策及标准，财务部门按学校要求下达下年预算控制数。"二上"是指各预算单位按照"一下"控制数限额，分项目编制收支经费预算明细。"二下"是指由财务部门复核后，按相关程序报请学校预算管理委员会审议，校长办公会、党委会审定后，汇总"二上"预算，编制预算方案，下达资金至预算单位并执行。"二上二下"的流程是最简化的流程，不同的高校可以在这一流程基础上进行个性化改进，以保证流程科学合理契合实际业务需求。

（二）预算执行与调整

预算下达后控制的方向转向预算的执行，高校在财政批复的预算支出控制数限额内，将预算指标和绩效目标进行细化分解，及时将下达的资金划拨至相关预算执行单位。具体是通过项目管理的方式，根据资金来源、性质、大类、所属部门、管理部门等切面信息新建项目号，将预算指标和任务涉及的每一笔预算资金划拨至项目负责人即经济责任人。确保获得资金的同时，领取工作任务，进一步明确事权与经济责任相结合。学校预算一经批复，应及时下达。高校应重视并认真做好预算执行工作，加快预算执行进度，年中要加强对执行进度的检查，有条件的可加强结转结余资金管理，制定政策盘活存量资金，建立预算统筹调剂机制。高校应建立"先有预算、后有支出"的预算支出机制，确保预算的稳定性和严肃性。预算执行全过程均采用预算模板进行控制，在实际工作开展中，因工作任务、政策指导发生改变等客观因素导致预算确需调整的，应按照法定预算调整程序，先申请，严格审批后方可调整。归口部门因履行管理职能需二次分配给其他单位使用的预算，应由归口部门制定专项资金管理使用办法，按照规定的程序及时申请分配至相应的经费执行单位，做好项目资金执行进度和绩效目标实时监管工作。高校财务处是学校一级财务管理、会计核算和财会监督机构，在学校党委、行政的领导下，履行财务相关职能。财务处应贯彻执行国家有关法律法规、财经纪律、行政政策和政府会计准则制度，在日常工作开展中进行监督。具体内容包括合法合规组织学校收入，做好各项收入的立项审批和核算管理；按预算支出要求、费用规定的开支范围和标准进行报销审查、审核、审批，杜绝依据不充分、标准超限额、审批越权限、附件不规范、专款不专用等行为,有权驳回不合规、不合理的支出预约申请,并及时出具财会监督通知告知项目负责人和单位负责人。财务处应定期出具项目资金预算执行情况分析报告,提请预算管理委员会研判预算执行过程中存在的重大问题,并提出解决问题的建议,重大事项应按规定程序提请校长办公会、党委会研究审定。

学校预算一经批复,原则上不得进行调整。为合理配置资源,在提高预算科学性前提下,由于国家政策调整、学校工作任务发生变动、其他重大突发不可抗力事项的发生和预算执行差异等原因,需要对未执行的预算支出范围及内容进行调整或预算金额进行调整增减的情形,考虑对预算执行产生重大影响,学校财务部门可根据实际情况提出预算调整方案,在年初预算额度范围内进行调整,但须报请学校预算管理委员会或校长办公会批准,按"三重一大"程序进行决策。预算执行过程中由于高校职能部门业务管理条块分割的特点,以及业财融合的需求,在执行中需要建立协同归口管理的机制,财务部门负责指导和督促归口管理部门落实收入筹措计划和支出预算执行计划,及时了解预算执行进度,协调解决预算执行中遇到的问题;归口管理部门负责对其二次下达预算单位项目资金的执行进度和绩效目标进行跟踪问效和监督检查,切实推动项目预算的有效执行,并对执行不力的项目提出预算调减建议。为加强执行的规范性,学校应当不定期召开预算执行分析推进会,对预算执行情况进行深入分析研判,提出改进措施和工作要求。同时,学校应当建立并实行预算执行通报制度,按季度对各部门、各项目预算执行进度情况进行统计通报。对预算执行进度较慢的单位和项目负责人，督促归口管理部门负责人和项目负责人分析问题、研究改进措施。在资金调控机制方面，对学校已经分配的专项资金，若预算执行率明显低于学校规定的预算执行时点要求，经多次督促执行率仍达不到规定要求的，学校应当对未执行的专项资金进行统筹调整。

预算调整首要原则是经法定程序，对原有预算收支规模或收支项目进行调整。分为全面调整和局部调整。全面调整是学校对年初预算收支方案全面的变动，一般是由于政策原因调整引起，没有特殊情况不轻易调整。局部调整是在预算执行中为了适应客观情况的改变，在收支预算总额度不变的情况下对部分预算的调整，包括追加、缩减预算。各学院（学部）和各部门需要进行预算局部调整时，须经过党政联席（领导班子）会议研究，将通过审核的书面预算调整方案，包括调整依据、原因、项目名称、项目号、可用余额及其他支撑材料报学校财务部门审批。对于申请进行预算调整的方案，财务部门可根据实际预算金额限额，按照审批权限，在年初预算额度范围内提出调整方案，并报学校预算管理委员会或校长办公会、党委会审议审定，未经学校审定批准不得调整预算。年度预算执行过程中因不可预见情况必须及时增加预算支出的，首先动用预备费，预备费不足以支出的列为预算调整方案。动用预备费或列为预算调整方案，按学校党委行政的决策程序进行。校院两级收入分配比例发生变化的项目，须由发生变化的项目单位修订完善收入分配办法，报学校预算管理委员会审议并报校长办公会或党委会审定后执行。具体分配由归口管理部门主要负责人和分管校领导按审批权限签字审批。

（三）决算管理

高校财务决算管理是一个综合性的过程，旨在确保学校财务信息的真实、准确、完整和及时。包括资产、负债、净资产、收入、费用的全面记录，以及确保所有财务数据和资产数据在年底得到真实完整反映。具体来说，高校决算管理涉及以下四个方面：一是资产和负债管理：所有资产（包括货币资金、存货、固定资产、在建工程、无形资产等）和负债必须在年底前完成入账，确保账实相符。工作包括清理往来款项，确保应收尽收、应付尽付，以及债务余额的准确无误记录。二是收入和费用管理：核对全校的收入和支出，确保核算准确无误。三是决算报表编制：决算报表是反映学校年度预算收入和预算支出预算执行结果的重要文件，必须按照国家法律、财经法规编制，做到数字准确、内容完整、报送及时。具体包括会计报表、会计报表附注、填报说明、分析报告等部分。四是专项资金管理：对于有特殊要求的专项资金，应按照经费拨付单位的要求编制财务报表，确保专项资金的正确使用。

高校应当加强对合并报表下属单位的财务管理和监督，确保所提供会计资料和财务报表的真实性、完整性、准确性。在管理实践中应结合工作实际建立部门决算编制审核汇总制度，明确会计报表及附注编制和资料提供单位在主体责任、审批权限和时间节点等具体工作要求，力求决算数据的收支真实、内容完整、数据准确、报送及时，符合有关法律法规要求。高校在编制年度部门决算前，应当进行必要的基础准备工作，如全面清理收支总账、明细账、往来款项催缴、收入对账、固定资产清查盘点、债权债务清理核实、对外投资核对、支出及费用清算等，确保财务信息账实相符、账证相符、账表相符、表表相符，能如实反映学校年度预算执行情况、财务状况、运行情况和现金流量等。同时，加强决算数据和预算数据的对比分析、结果反馈和分析应用工作，科学设置综合财务分析指标，对学校整体财务状况、运行情况（含运行成本），学校与各职能部门、各学院（学部）之间经济关系、权责利关系进行横纵向对比，为学校下一步发展决策提供有效依据。按规定编制决算报表附注和填表说明，做到内容完整、数据准确、分析到位。高校决算报告编制完成后，应按规定程序审批后报上级行政主管部门和本级财政部门，经批复后的决算应及时整理，按规定时限归档保存。

（四）预决算公开

《中华人民共和国预算法实施条例》对预算单位的信息公开作出了明确的规定，要求在上级主管部门批复预决算后20日内在本单位门户网站等信息平台，面向社会公开预决算相关信息。《国务院关于进一步深化预算管理制度改革的意见》也对预算单位信息公开工作提出明确的要求。各预算单位预算信息公开，是深化预算管理制度改革、提高预算透明度的重要举措，可以使公民的知情权、参与权、表达权、监督权得到更好保障，社会监督得到强化，在法治政府建设以及政府职能转变方面发挥推动作用，同时，预决算公开进一步推进了国家治理体系和治理能力现代化的进程。高校应按规定对预决算信息进行公开，接受社会监督。应在教职工代表大会上报告学校当年预算编制和上一年度预算执行情况，接受校内监督。校内二级预算单位的年度预决算情况须在本单位教职工大会或教职工代表大会上进行报告。高校应明确预决算公开的时间、内容、方式、程序等。主动向社会公开的范围包括经本级财政部门和上级主管部门批复的单位预决算相关信息。公开内容包括本级财政部门和上级主管部门批复的部门预算报告及决算报告，涉及国家秘密的除外。部门预算公开的具体内容包括部门预算编制说明、单位基本职能及主要工作、基本情况、收入情况、支出情况、省对下专项转移支付情况、政府采购情况、部门"三公"经费增减变化情况、重点项目预算绩效目标情况、部门预算表等；部门决算公开的具体内容包括部门决算编制说明、部门决算各类报表、部门绩效自评报告、学校固定资产使用情况报告等。部门预决算信息应在高校门户网站首页醒目位置保持长期公开状态。高校在公开过程中应当不断健全各项统计、评价与监督检查等制度，不断完善预决算信息公开统计工作机制。

（五）预算绩效与监督评价

高校预算绩效与监督评价是高校财务管理的重要组成部分，旨在确保资金使用的规范性和有效性，提高资金使用效益。构建完善的预算绩效评价指标体系，利用科学绩效评价方法，不断强化预算评价理念，是提高预算管理工作质量的重要措施。这一体系不仅将预算与绩效相融合，通过分析指标是否完成，能够掌握预算管理工作开展质量，保证预算管理工作有序开展，提高高校整体管理水平。首先，加强预算绩效评价过程的监督和考核，并形成绩效评价报告，强化对预算绩效结果的运用。其次，建立健全预算绩效管理体系，包括完善管理制度和规范工作流程，应用到编制决算报告基础性工作上，既是按依法依规、科学规范、统一高效的原则，做到合规、准确、完整，同时报表说明和决算分析符合决算编制相关规定。此外，高校应根据上级主管部门和学校管理要求，在预算年度终了或项目实施周期结束后，及时开展预算执行绩效自评。还应积极与第三方社会中介机构合作，加强引导和规范第三方社会中介机构对预算执行绩效的监控和评价，确保提升财政资金的合理配置和效益发挥。绩效是预算的灵魂，绩效管理是全面预算的重中之重，包括对预算单位年度预算收支执行情况的监控、评价、信息反馈以及根据评价结果所采取的管理措施。任何人不得蓄意漏报、重报、虚报、瞒报、错报年度决算有关数据。

预算经费的绩效管理应当纳入高校与校内各单位年度工作目标任务责任制的考核内容，把预算管理作为"三重一大"事项，纳入学校党风廉政建设目标责任制考核，并在各级教代会、职代会或部门职工大会上就预算管理措施及制度建设情况、预算执行情况和绩效评价结果进行报告。在预算执行全面检查考核的内容上要注重以下三个方面：一是内部管理制度建设情况，具体包括各部门、各学院（学部）制定符合自身实际的规章制度、落实学校决策部署、完成预算主体责任目标任务等工作。二是预算执行情况评价，具体包括预算申请、使用范围、执行进度、专项资金开支合法合规等方面。三是各项经费支出绩效运行监控和绩效评价，具体包括预算绩效目标达成情况、工作完成产出效益的数量、质量、成本、时效，社会效益，经济效益，生态效益，可持续发展性以及受益人满意度等方面。在协同机制上，归口管理部门须根据管理需要对所预算的重点项目开展绩效运行监控评价、质量评价和完工评价，评价结果应用可作为以后年度预算安排的重要参考和依据。巡察办、纪检监察部门、审计部门等监督执纪部门对高校及各单位预决算的合规性、完整性、合理性以及预算执行情况进行巡察、检查和审计，定期向学校报告巡察、检查和审计结果，对检查发现的违法违纪违规行为及时进行处理。各预算执行单位应规范执行预算和加强预算管理，自觉接受巡视、巡察、审计、监察及主管部门的监督检查。高等学校预算业务活动控制流程如图4-1所示。

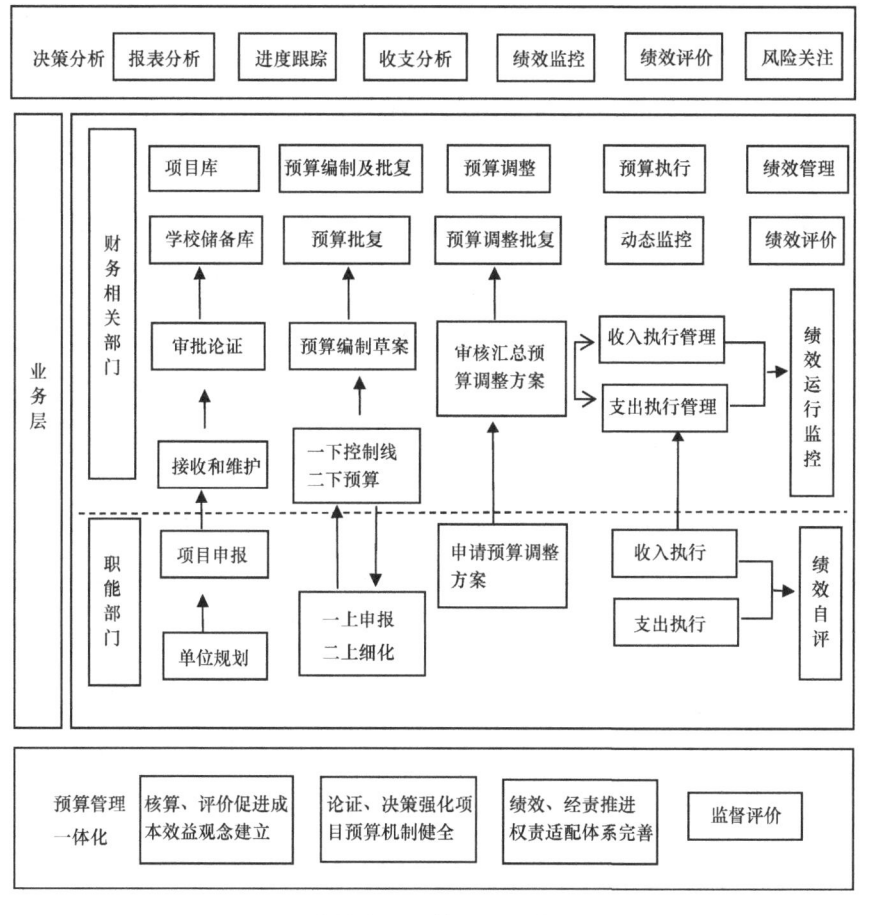

图4-1 高等学校预算业务活动控制流程

第三节 高校预算业务内控协同运行优化

一 以核算、评价促进成本效益观念建立

成本效益的观念在高等学校预算管理中是提升空间最为广阔的一个重要观念。投入产出与资源耗费不适的情况在高等学校普遍存在，高校核算长期以收付实现制为基础，对项目执行缺乏独立的、具有成本核算性质的评估和评价，过多注重社会效益而缺少经济效益的考量，核算在成本测度方面粗放。特别是在一些特定领域和资金资源富集区域，由于成本效益观的缺失，十分容易导致高校出现财务风险。除去盲目决策造成的浪费和损失，成本效益比的最大化追求是成本效益观的集中体现，也是绩效管理效率的最好度量。在成本效益观形成和完善的过程中，评价和改进是重点环节。首先，成本测算和评价是预算绩效目标制定的科学依据。高等学校发展运行项目的成本测算应当建立有效的测算机制，以达到控制成本的目标。其次，改进成本效益的结构需要非财务因素发挥作用，使得通过业务优化，达到节能降耗。只有业务部门和财务部门消除对立和矛盾，通过科学沟通与评价，共同以改进为手段促进成本效益观的形成，才有可能使成本效益的观念在财务绩效管理和业务工作开展中深入人心，树立起全面的成本效益意识。

二 以论证、决策强化项目预算机制健全

高等学校除正常运转经费和人员经费之外，内控难以达到约束

的通常是发展性项目经费，尤其是基本建设项目、设施设备项目、人才引培项目、学科专业建设项目、校企合作项目等。此类项目通常显现出项目资金需求大、项目决策论证难、预算约束力弱的显著特点，在财务内部控制中需要增强协同治理的功效。首先，此类项目的产生通常伴随着政绩观偏差的巨大风险，项目的立项程序相对薄弱，很多风险从项目立项决策便已存在。针对这一情况，高校必须严格建立项目论证制度，通过多部门意见征询、校外专家论证、财务专家论证、第三方决策咨询、立项预算公开等。甚至通过向主管部门报备等方式，使得论证工作公正和中立，决策公开民主、酝酿充分。其次，项目决策过程中要注重提升决策透明度，尽量扩大公众参与决策过程的范围，促使决策符合公众利益的同时减少决策失误。最后，此类项目支出方式复杂，大部分项目会存在向外部企业联合实施的情况。鉴于此，需要强化预算执行的严格控制，必要的项目可以采取第三方跟踪审计制度，增加以审计意见为参考的审批支付制度，强化项目实施的有力监督。

三　以绩效、经责推进权责适配体系完善

高校预算业务与绩效评价应当形成有机的整体，重点是加强绩效评价结果的反馈和应用。绩效评价与项目立项、预算执行动态调整有机衔接起来，严格控制低效和无效项目资金，以项目申报书为牵引完善预算执行，把决策、预算、执行、评价这一完整的逻辑链纳入资源配置格局，实现动态的预算良性循环。同时，在预算工作中完整嵌入经济责任制。目前，大多数高等学校结合学校特点已经出台了经济责任制相关制度，但作为一项制度体系却仍有进步空

间。其中，主要是各级经济责任制实施范围相对较窄，内部监督机制不够有力，由此造成财务管理不严格。有的滞留、截流、挤占及挪用专项资金，无预算、超预算违规使用资金，违规发放绩效、津补贴；有的违规收费、执收缴款不规范，政府会计改革与会计准则制度执行滞后；有的存在非税收入上缴不及时；有的政府招标采购不够严格；有的工程建设项目概算不准确。这些问题都加剧了国家教育经费投入不足与高校发展的资金需求间的矛盾，经济责任没有得到较好地落实。高等学校预算体系与经济责任制协同构建中，多项制度的落实涉及与经济责任制配合或配套实施，具有高度内在关联性的制度体系，包括党的领导制度、党风廉政建设和反腐败制度、资产管理制度、教学和科研制度等。以上制度只有构成有机整体，形成系统性运转，相互促动，才能形成制度合力，真正发挥制度效能。①

---

① 陈莉：《高等学校财会监督与经济责任制的协同构建》，《教育财会研究》2023年第3期。

第五章

高等学校收支业务内控建设的协同架构

高校财务收支业务内部控制是内部控制的重要环节，一定程度上收支业务可以视为高校财务管理工作的全部具体体现。通过对收支业务实施有效的内部控制，可以规范高校的财务收支活动，提高财务管理的规范性和有效性，避免财务风险的发生，从而提升整个单位的工作效率及工作质量。通过加强收支业务的内部控制，可以及时发现和预防财务管理中的廉政风险，推动高校廉政风险防控机制的建设和完善，保障高校资产的合理使用和安全。通过收支业务内部控制制度的实施，可以确保高校各项业务活动按照预定的目标和计划有序进行，提高工作效率，确保高校教育活动的正常开展。高校收支业务内部控制对于提高高校治理能力、保障教育质量、促进高校健康发展具有重要意义。高校应当建立健全各类支出管理制度，明确各项支出的开支范围、功能分类、经济分类和列支标准；科学合理设置不相容岗位，严格执行支出审批权限；根据国家有关财务规章制度规范和加强支出管理，厉行节约，严禁虚列虚报，确保支出真实可靠，票据来源合法、开具内容真实、使用正确；严格执行预算管理一体化国库集中支付制度；政府采购履行符合制度要求等。通过收支业务控制强化日常监督审核，及时发现、纠正错误及存在的舞弊行为。

第一节　高校收支业务内控建设综述

一　收支业务内控概念及范围

收支业务中的收入是指高校在进行教育活动及开展行政事业业务活动及其他活动中，依法取得的非偿还性的资金。通常情况下高校的收入主要由财政拨款收入、事业收入、上级补助收入、附属单位上缴收入、经营收入及其他收入等构成。高校的收入应严格按照现行财政国库及银行账户管理的要求，与学校往来款项资金分开管理，并全额纳入预算控制。高校收入的内部控制要素包括：收入依据的合法合规、收入及时确认入账并杜绝设置"账外账"、收入采用"收支两条线"管理、合同协议收入管理、票据管理、收入退回管理等。

收支业务中的支出是指高等学校开展教学、科研及其他辅助活动发生的资金耗费和损失。一般情况下高等学校支出包括事业类支出、科研支出、经营支出、对附属单位补助支出、上缴上级支出及其他支出等。高等学校应建立信息化财务核算系统，在健全完善各类支出管理制度前提下，将全部支出纳入预算统筹管理，实行项目库分大类管理，未纳入预算统筹的项目一律不得安排预算支出。高校支出的内部控制要素包括：各项支出合理合法、杜绝无预算支出、支出审批完整、票据合法、业务与支出的关联性及真实性匹配、采购程序完整、公务卡使用规范等。

二 收支业务内控的目标定位

收支业务中收入控制的总体目标是学校的各项收入全面纳入会计核算，全面杜绝设立"账外账"和"小金库"。收入的会计核算准确，资金足额入账，收入确认及时。非税收入实现"收支两条线"管理，严格遵守收缴分离制度，不得以任何形式截留、挪用或私分，所有收入做到应收尽收、应缴尽缴。合同、协议收入符合国家法规并且经过适当授权，合同、协议收入应收尽收，确认及时，依据充分可靠。在履行相关规定手续的前提下进行非税收入票据、涉税发票等各类票据的申领、启用、核销、销毁。禁止违反相关规定对收入票据进行转让、出售、出借，不得代开、买卖财政票据、涉税发票等票据，不得突破业务范围擅自扩大高校业务票据使用范围。

支出控制目标体现在各项支出管理要坚持依法依规、科学规范的要求上。支出符合国家有关法律法规、政策法规、财经纪律和学校相关的管理制度。严格支出审核，确保业务支出的票证和单据来源合法，业务内容真实完整可靠，支出有预算支撑，支出权限审批符合内部控制规定。重点是关注"三公经费"［即公务接待费、公务用车购置及运行维护费、因公出国（境）费］及劳务费、差旅费、会议费、培训费等支出合法合规，有关的资本性支出在预算范围内开支，手续完备，符合厉行节约的要求，同时，业务支出的会计核算能够准确、及时。

三 收支业务内控的风险关注

高校在建立和实施收支内部控制过程中，对收入业务应当着力强化以下关键环节风险控制：一是教育收费项目、收费标准是否经过审批报备程序，预收、应收、代收、往来等款项是否及时确认资金的性质并准确存入相应的银行账户。二是非税收入票据、涉税发票等各类票据在申领、使用、保管、核销、销毁等环节是否符合政策要求，是否存在履行审批手续不全，是否存在混用、转让、出借、代开、买卖票据发票等违规行为。三是高校及下属单位是否存在"账外账"和"小金库"，是否严格执行"收支两条线"的相关管理规定。四是生源地贷款、校园地贷款是否及时到账并转缴学生学费、住宿费；非税收入是否按规定和要求及时、全额上缴财政，并通过预算途径予以下达至学校。五是高校收入是否全额纳入预算控制，是否严格按照相关规定开设和管理学校零余额账户、工会基本账户；收支专用账户、贷款账户、往来资金账户、党费账户等专用账户和一般存款账户。

支出业务应当着力强化对以下关键方面或者关键环节的风险控制：一是支出行为与国家法律法规和财经纪律有冲突，与本单位财务制度不相符，支出是否存在遭受处罚风险，是否会构成经济和学校信誉的损失。二是支出业务岗位设置不科学、岗位职责不清晰明确，支出预约申请和内部稽核、付款审批和款项支付、会计核算和制单审核等不相容岗位未有效分离，可能导致廉政风险或作假舞弊。三是支出业务超过预算规定的范围、标准，可能导致经费滥用或无效使用;未经过事前预算申报、预算审查,支出范围及支出标准不符合相关制度的规定;项目支出未专款专用、与基本支出相互挤占,可能导致学校预算约束力缺失或者项目预算模板控制目标失效,使预算管理流于形式。四是支出审批权限、程序、合同管理、资产报增和相关控制未纳入信息化管理,存在人为越权审批的风险;重点项目、重大项目支出未经事前绩效评估,对于重大支出未经校长办公会审议、学校党委会审定,可能导致偏差风险,甚至错误或舞弊;未针对不同类别支出金额限额设定相应的审批权限,尤其是重大支出未经集体决策。五是对支出经济业务或事项的实质专业判断失误,存在利用不实业务进行报销,可能导致资金被套取的风险;采用未经国家税务总局平台查验的虚假票据报销,可能导致学校支出业务违法、违规。六是资金支付未通过预算管理一体化平台,相关要求不符合国库集中支付、政府采购、公务卡结算、对公转账等国家政策规定和财经纪律要求,可能导致违规违纪的风险;应收账款或预付账款长期挂账,未及时、定期进行清理,可能导致收支不真实、不完整。七是出纳岗位负责货币资金的支付审批与执行,保管与盘点,现金盘点与银行对账,保存银行预留印鉴、银行UKEY等业务未分岗设权。

第二节　高校收支业务内控协同方式探析

一　职责配置与授权审批

高校收入业务的配置主要体现在各二级单位收入组织和立项申

请、业务归口管理部门审批、财务部门审核、高校财经工作小组审批、上报主管部门及同级发改委或财政部门审批、备案等环节。重点是财务收入管理的岗位职责履行，在收入的立项、审批、备案、确认、票据使用中，要保证执行收入业务的不相容岗位分离，有效形成对收入管理的制约与监督，杜绝隐匿收入的行为发生。收入业务岗位业务的控制体现在：一是收入收款与收入确认、计量、核算。二是收入收款与收入分配。三是票据保管与票据领用。四是票据开具与收款。五是收费立项与票据开具。六是非税收入的执收与上缴。七是各类票据开具与相关票据专用章的保管。高校制定的职责权限，须杜绝由一个人全过程办理支出业务。对于大额资金使用，须经校长办公会或校党委会审议决定，决策过程应有完整的书面记录。支出业务的不相容岗位至少包括：一是支出预约申请与支出分级审批。二是业务经办与会计核算。三是会计审核和会计复核。四是付款审批和付款执行。

高校支出业务的岗位职责配置较为分散，支出审批层级和人员均较为复杂，在支出控制的职责上，需要学校各经办人员及领导人员形成支出职责履行的经济责任制共识性认知，财务部门在支出审核上负有重要职责，具体体现为主要经济责任人为项目负责人，按照依法依规和权责对等原则进行经费审批。经费审批应收支并重，对各类经济事项发生的事前、事中、事后进行全程把控，先审核后审批，严格执行"一支笔"审批制度，因特殊情况需要授权他人的，须向学校财务部门以书面亲笔签名的情况说明进行备案。在项目负责人为业务负责人或经办人时，实行复签制度，即所在部门或学院（学部）相关负责人加签。

此外，学校根据资金的不同性质，对支出业务应当分类审批，建立授权审批和经济责任制度，明确支出逐级管控责任。针对人员类经费、教学类经费、科研经费及其他经费等审批，依据金额限额及审批权限逐级审批。制度化明确支出预约、分级审批、投递、财务初审、支出确认、会计凭证编制、财务复审、出纳支付等环节的内部控制流程要点，并根据财务制度及政府会计准则制度，及时进行确认、计量、记录，确保对支出业务全过程进行有效控制。

学校应当建立健全与重大支出相关的决策、审批与监督机制。年度重点项目、重大项目和大额资金使用等应按规定权限履行审批程序。执行支出业务的部门或项目组为支出管理单位，支出管理单位负责人对经费或项目的使用和管理负责。支出管理单位应当根据事业发展规划、项目任务书等编制支出预算，严格按批准的预算使用资金，确保预算执行进度与业务开展进度相匹配，及时报告特殊支出事项，按规定编制经费或项目决算明细。

对于高校财务部门非税收入管理的业务科室，应从内部控制层面明确其岗位职责，及时按规定组织非税收入的执收、上缴工作。一是做到应收尽收、在执收过程中提供收入来源信息、涉及收入的相关合同或协议等，严格按照规定的非税收入项目、征收范围和征收标准进行征收，及时足额上缴非税收入，并对欠缴、少缴收入实施催缴。二是目前非税收入收缴实行电子化管理，执收单位通过省级非税收入管理平台办理非税收入收缴业务。学校应对非税收入的收缴严格分离并及时申请返还、定期核对收入、确认入账。三是学校作为征收、上缴单位综合主体应根据自身职责做好业务覆盖面系统的安全防护、数据备份、运行维护和运行监控等工作，保证非税收入收缴业务有序开展，确保数据安全稳定。四是非税收入收缴管理数据应当在依法依规的前提下使用，任何取得收缴数据的相关单位和个人，对取得数据的安全负责。五是非税收入的基础业务数据应按月进行离线备份，备份数据保存期不低于5年。

总体而言，收支业务是高校经济活动中最为基础，也最为琐碎的经济活动，在收支业务内部控制中，应强化对下列关键环节的控制：第一，支出业务的审批职责分工、支出权限范围与审批要求不统一，出现程序性错误。第二，支出的申请与审核、支出的渠道与方式不符合财经制度。第三，支出业务行为的确认、计量不符合政府会计准则制度的规定和要求。

二 收支业务活动控制

（一）收入管理

相较于企业和行政单位而言，事业单位中高等学校收入最具目的性、合法性、多样性和非偿还性四个特点。因此，高等学校组织收入首当合法合规。高校收入活动中最为首要和重要的任务是保证所有收入全口径纳入学校统一预算。各种类型的收入行为符合并严格执行国家财经法规制度，统一管理，未纳入预算管理的收入不得安排支出。

1.财政拨款收入

财政拨款收入是指高校从本级财政部门获得的资金拨款。管理流程和内部控制要点主要有三个方面。首先，财政拨款收入的确认，对于基本经费而言，学校预算统筹安排使用，对于项目经费，学校应开设项目号，按照指定用途专款专用。其次，项目设置方面，应根据获得资金的来源渠道即资金来源、资金性质、预算类别、拨付方式等信息，设置项目的显示信息，生成项目编码和项目名称，同时，完备项目的控制信息即项目属性。最后，科目设置方面，财政拨款收入可按照一般公共预算财政拨款、政府性基金预算财政拨款等拨款种类进行明细核算，财政拨款收入可根据经费类别下设教育拨款收入、科研拨款收入、其他拨款收入等。

2.教育事业收入

教育事业收入是指高等学校开展各类教育业务活动，按规定依法收取的各类教育性收费，主要包括本专科学生学费、研究生培养费、留学生学费、函大电大夜大培训费、住宿费及其他教育性收费。管理流程和内部控制要点主要有四个方面。

首先，收费立项环节。新增收费项目或调整收费标准，由相关业务部门提出收费立项或调整申请，由业务归口管理部门、高校财务部门审核，提交高校财经工作领导小组审批，报同级发改委、财政部门及上级主管部门进行审批、备案等。最后高校财务部门及时更新学校收费公示内容。另外，新增或调整全日制本科、全日制研究生、学位留学生学费收费标准、住宿费标准需组织第三方中介审计机构先行开展审计、接受成本核查后方可进行上报申请。

其次，收入确认环节。高校财务部门收到非税收入时，开具非税票据（电子），根据银行出具的收款通知书，将教育收费预收款计入相应的教育收费预收款项目、打印教育事业收费票据（电子）并编制入账凭证，分项目、分类别确认应缴财政专户款。财务部门按照学校实际情况和上级单位要求将教育收费上缴财政，收到财政返还银行到款通知书后编制入账凭证，确认教育事业收入。发生应税收入和教育事业预算收入的情况，高校财务部门开具增值税发票，收到学生或单位交纳的款项时确认为教育事业收入或其他教育事业收入。

再次，收入分配环节。高校应根据工作实际情况制定收入分配管理办法，由收费单位提出分配申请，经相关职能部门审批后，将申请分配材料交至高校财务部门审核无误后进行分配。

最后，核算方式的内部控制主要关注项目设置和科目设置。教育事业收入项目按照学费、住宿费、委托培养费、培训费、考试考务费进行设置。通过收费平台对收费项目和收费单位进行识别。教育事业收入按收入类别分别开设学费、住宿费、委托培养费、培训费、考试考务费五个明细科目进行会计核算。

3.科研事业收入

纵向科研经费是指以学校为法人单位申请的国家、省、市和地方各类项目且由各级财政部门拨付的相应的科研项目经费。横向科研经费是指以学校为法人单位承接的非政府科研计划安排的技术项目所取得的科研经费。管理流程和内部控制要点主要有四个方面。

首先，财务收入立项环节。项目负责人在收到立项通知后，填报科研项目的基本信息，包括负责人姓名、所属部门、项目金额、项目类别等。经学校科研管理部门审核通过，项目负责人确认相关项目资金到达学校指定账户，方可提出经费入账申请。高校财务部门核实项目预算项明细信息，区分项目类别，开立项目经费专用账号。

其次，收入确认环节。高校可以根据实际情况选择采用预收账款方式或者采用应收账款方式按照合同完工进度原则，对科研事业收入进行确认。高等学校根据经济业务实质，以权责发生制为会计核算基础，首要遵循实质重于形式原则依据合同完成进度确认科研事业收入，常用方式有以下四种：一是选择累计实际发生的合同成本占合同预计总成本的比例；二是已经完成的合同工作量占合同预计总工作量的比例；三是已经完成的时间占合同期限的比例；四是实际测定的完工进度等。内部控制在实际操作中选择符合"实质重于形式"的做法确认收入，同类合同具有同质性，可以采用同一类方法。收入确认的方法应由高校财务部门参照法规制度科学决策，并保持稳定性和一贯性。

再次，收入分配环节。高校财务部门核对项目预算，依据学校科研管理部门提供的相关政策，对实际到账金额计算间接费用及绩效支出额度，并计提学校管理费用，编制记账凭证入账。

最后，核算方式的内部控制主要关注项目设置和科目设置。科研事业收入项目设置分为中央科研收入、地方科研收入、横向科研收入。科研事业收入按收入来源设立非同级财政拨款和其他科研事业收入明细核算会计科目。科研经费收入中属于非税收入的，由高校财务部门确认收款后立项使用；属于涉税收入的，由学校财务部门确认收款并上缴相应税费后立项使用。

4. 上级补助收入

上级补助收入是指高等学校从上级主管部门和其他上级部门取得的非财政性补助资金拨款。管理流程和内部控制要点主要有三个方面。

首先，收入确认环节。学校在收到上级补助收入银行到款通知书时，确认上级补助收入和上级补助预算收入。根据银行收款回单的用途或附言确认入账项目。

其次，收入分配环节。上级补助收入中的基本经费不进行分配，由高校预算统筹安排使用。项目收入由申请分配单位提出分配方案，经相关职能部门审批后，高校财务部门审核查验申请分配材料后进行分配。

最后，核算方式的内部控制主要关注项目设置和科目设置。根据所获得资金的来源、预算类别等信息，设置项目的显示信息（即项目编码和项目名称）和控制信息（项目属性）。科目设置包含财务会计收入科目的上级补助收入和预算会计收入科目的上级补助预算收入。

5.附属单位上缴收入

附属单位上缴收入是指高等学校收取的附属独立核算单位按照规定依法上缴的各类收入。管理流程和内部控制要点主要有三个方面。

首先，收入确认环节。学校在收到附属单位上缴收入银行到款通知书时，确认附属单位上缴收入和附属单位上缴预算收入，并根据银行收款回单的用途或附言确认入账项目。

其次，收入分配环节。附属单位上缴收入中的基本经费不进行分配，由高校预算统筹安排使用。项目收入由申请分配单位提出分配方案，经相关职能部门审批后，将申请分配材料交至高校财务部门审核查验无误后进行分配。

最后，核算方式的内部控制主要关注项目设置和科目设置。根据所获得资金的来源、预算类别等信息，设置项目的显示信息（即项目编码和项目名称）和控制信息（项目属性）。科目设置包含财务会计收入科目中的附属单位上缴收入和预算会计收入科目中的附属单位上缴预算收入。

6.经营收入

经营收入指高等学校在教学、科研及其辅助活动之外，组织开展非独立核算经营活动依法取得的收入。管理流程和内部控制要点主要有三个方面。

首先，收入确认环节。高等学校在收到经营收入银行到款通知书时，确认经营收入和经营预算收入，并根据银行收款回单的用途或附言确认入账项目。

其次，收入分配环节。经营收入按照税法代扣代缴相关税费后进行分配。由申请分配单位提出分配方案，经相关职能部门审批后，高校财务部门审核查验申请分配材料后进行分配。

最后，核算方式的内部控制主要关注项目设置和科目设置。根据所获得资金的来源、预算类别等信息，设置项目的显示信息（即项目编码和项目名称）和控制信息（项目属性）。科目设置包含财务会计收入科目的经营收入和预算会计收入科目的经营预算收入。

7.非同级财政拨款收入

非同级财政拨款收入主要指高等学校从非同级政府财政部门取得的资金拨款，包括从同级政府其他部门取得的横向转拨财政资金款、从上级或下级政府财政部门取得的财政经费拨款等。管理流程和内部控制要点主要有三个方面。

首先，收入确认环节。高校在收到银行到款回单时，确认非同级财政拨款收入和非同级财政拨款预算收入，并根据银行收款回单的用途或附言确认入账项目。

其次，收入分配环节。非同级财政拨款收入中的基本经费不进行分配，由高校预算统筹安排使用。项目收入由申请分配单位提出分配方案，经相关职能部门审批后，高校财务部门审核查验申请分配材料后进行分配。

最后，核算方式的内部控制主要关注项目设置和科目设置。根据所获得资金的来源、预算类别等信息，设置项目的显示信息（即项目编码和项目名称）和控制信息（项目属性）。科目设置包含财务会计收入科目的非同级财政拨款收入和预算会计收入科目的非同级财政拨款预算收入。

8.投资收益

投资收益指高等学校从事股权投资和债券投资所实现的收益或发生的损失。管理流程和内部控制要点主要有三个方面。

首先，收入确认环节。高等学校在收到投资收益银行到款回单时，确认投资收益和投资预算收益，并根据银行收款回单的用途或附言确认入账项目。投资持有期间发生的利息或股利的计量按以下原则进行账务处理：短期投资的利息收入在实际收到时进行确认；长期债券投资的利息按期计提并确认预计利息。长期股权投资核算分两种情况：采用成本法核算的长期股权投资发生股利或利润，在被投资单位宣告分配时确认应收股利或投资收益；采用权益法核算的长期股权投资，在被投资单位发生净损益时，按照应享有或应分担的份额，计算确认投资收益或投资损失。出售或到期收回长期债券投资、短期债券投资本息，按照实际收到的金额和债券投资账面余额及相关应收利息的差额，确认投资收益或投资损失。

其次，收入分配环节。投资收益为基本经费不进行分配，由高校预算统筹安排使用。

最后，核算方式的内部控制主要关注项目设置和科目设置。根据所获得资金的来源、预算类别等信息，设置项目的显示信息（即项目编码和项目名称）和控制信息（项目属性）。科目设置包含财务会计收入科目的投资收益和预算会计收入科目的投资预算收益。

9.捐赠收入

捐赠收入指高等学校接受其他单位或者个人捐赠所取得的收入。管理流程和内部控制要点主要有三个方面。

首先，收入确认环节。高等学校接受捐赠业务包括接受货币资金捐赠和接受非现金资产捐赠。高校接受货币资金捐赠时，按照实际收到的捐赠款项确认为捐赠收入；接受固定资产等非现金资产捐赠时，按照确认的资产成本扣除相关税费后的金额确认捐赠收入。

其次，收入分配环节。捐赠收入根据捐赠协议内容，直接分配至相关单位使用；或按指定用途分配至相关项目进行专款专用，如基金会捐赠的基建（修缮）项目、学生奖助学金、各类奖教金和其他用途支出等。

最后，核算方式的内部控制主要关注项目设置和科目设置。根据所获得资金的来源、预算类别等信息，设置项目的显示信息（即项目编码和项目名称）和控制信息（项目属性）。科目设置包含财务会计收入科目的捐赠收入和预算会计收入科目的捐赠预算收入。

10.利息收入

利息收入是指高等学校取得的银行存款利息收入。管理流程和内部控制要点主要有三个方面。

首先，收入确认环节。高等学校在收到银行到款回单时，确认利息收入和利息预算收入，并按银行收款回单的用途或附言确认入账项目。

其次，收入分配环节。高校根据资金性质产生的可以纳入学校预算统筹使用的利息收入，由认领单位经办人员凭审批要件齐全的收入分配表、相关支撑材料和票据入账。

最后，核算方式的内部控制主要关注项目设置和科目设置。根据所获得资金的来源、预算类别等信息，设置项目的显示信息（即项目编码和项目名称）和控制信息（项目属性）。科目设置包含财务会计收入科目的利息收入和预算会计收入科目的利息预算收入。

11.租金收入

租金收入指高等学校经批准利用国有资产出租取得并按照规定纳入本单位预算管理的租金收入。管理流程和内部控制要点主要有三个方面。

首先，收入确认环节。高等学校在收到银行到款通知书时，确认租金收入，并根据银行收款回单的用途或附言确认入账项目。

其次，收入分配环节。租金收入根据高校收入分配管理办法由申请分配单位提出申请，相关职能部门审批后，高校财务部门审核查验申请分配材料后进行分配。

最后，核算方式的内部控制主要关注项目设置和科目设置。根据所获得资金的来源、预算类别等信息，设置项目的显示信息（即项目编码和项目名称）和控制信息（项目属性）。科目设置包含财务会计收入科目的租金收入和预算会计收入科目的租金预算收入。

12.其他收入

其他收入是指高等学校取得的除财政拨款收入、事业收入、上级补助收入、附属单位上缴收入、经营收入、非同级财政拨款收入、投资收益、捐赠收入、利息收入、租金收入以外的各项收入，主要包含服务性收入以及非服务性收入两类。具体项目包括现金盘盈收入、按照规定纳入单位预算管理的科技成果转化收入、高校收回已核销的其他应收款、无法偿付的应付及预收款项、置换换出资产评估增值、实体上交等。管理流程和内部控制要点主要有四个方面。

首先，收入立项环节。高校财务部门根据申请单位提供的材料和各职能部门的核准意见，审核新增服务性收费项目或上调收费标准的申请，以及非服务性收入项目的收费立项申请报告。

其次，收入确认环节。高等学校在收到银行到款通知书时，确认租金收入，并根据银行收款回单的用途或附言确认入账项目。

再次，收入分配环节。由高校财务部门根据认领单位的收入分配表、相关依据材料和票据等进行收入分配。

最后，核算方式的内部控制主要关注项目设置和科目设置。根据所获得资金的来源、预算类别等信息，设置项目的显示信息（即项目编码和项目名称）和控制信息（项目属性）。

科目设置包含财务会计收入科目的其他收入和预算会计收入科目的其他预算收入。高等学校收入业务活动控制流程如图5-1所示。

（二）票据管理

票据是流动的现金，其重要性不言而喻。充分利用票据财会监督这一有力抓手，能有效规范行政事业单位资金往来结算票据和非税收入票据的使用和管理行为，长效防治各种乱收费、乱集资和各种摊派行为的发生，维护财政经济秩序；同时，可以加强税务发票管理和财会监督，保障国家税收收入实现，维护市场经济秩序。财政票据和税务发票管理均要从健全收入票据的管理制度、明确各类收入票据的使用范围入手。

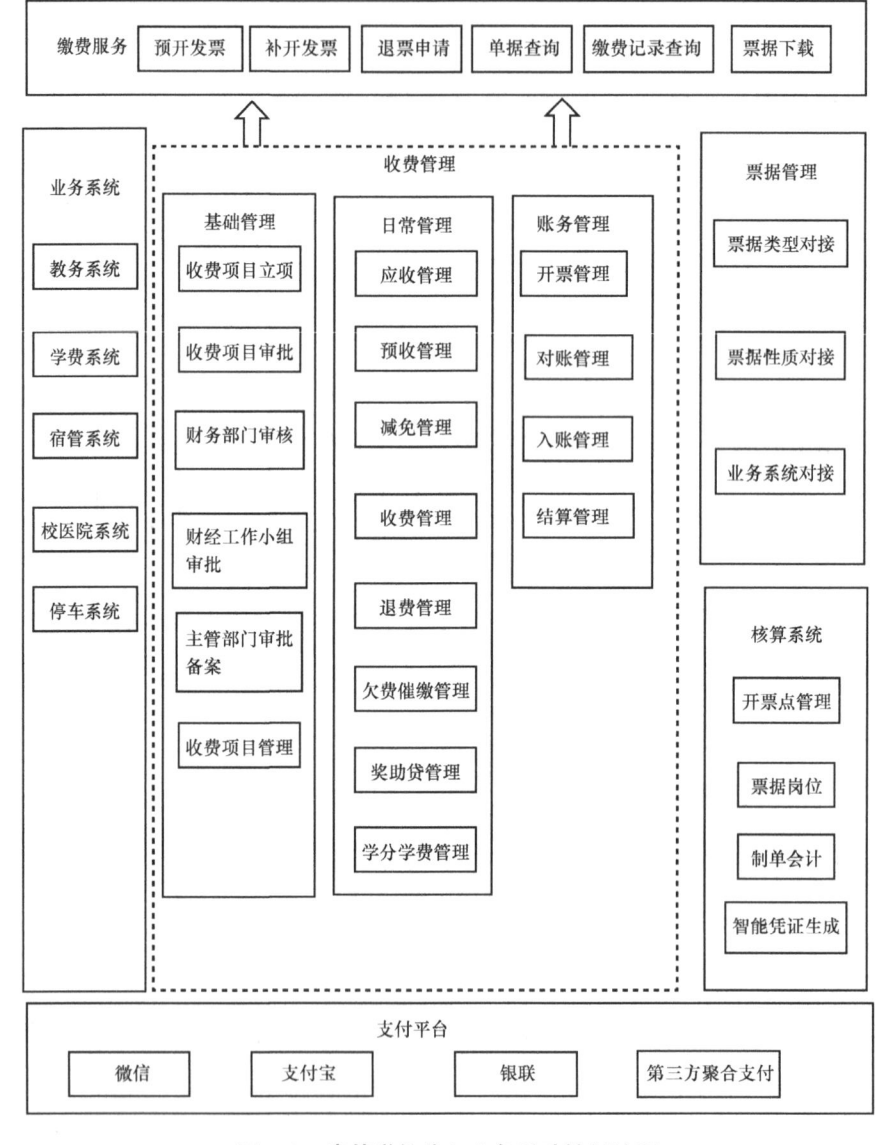

图 5-1 高等学校收入业务活动控制流程

1.政策要求

高校应建立健全收入票据管理制度。明确财政票据、税务发票等各类型收入票据的使用范围，对申领、启用、保管、核销、销毁等各环节应严格执行相关规定。高校应按内部控制制度规定设置票据专管员，对收入票据的保管、登记、使用和检查环节明确其岗位职责。设立票据台账、专账做好序时登记工作，票据专管员应配置有独立的保险柜等设备，做到人走柜锁。票据使用时应当按照顺序号，不得拆本使用，同时做好废旧票据的管理工作。高校各票据使用部门均不得违反规定转让、出借、代开、买卖财政票据和税务发票等收入票据，严禁扩大票据的开具使用范围。

2.票据种类

高等学校票据管理所涉及的票据主要是财政票据和税务发票。财政票据分为中央和地方财政票据，一般包括中央/地方非税收入统一票据，中央/地方行政事业单位资金往来结算票据，公益性单位接收捐赠统一收据，非税收入一般缴款书等。税务发票是通过税务局指定的税控发票开票系统开具的税务发票，一般包括增值税专用发票和增值税普通发票等。

3.使用范围

非税收入统一票据用于学校经物价主管部门批准或备案的有收费许可证的行政事业性收费，主要包括高等学校学费，住宿费，函大、电大、夜大及短训班培训费，高等学校委托培养费，考试考务费等。行政事业单位资金往来结算票据开具学校暂收款项、学校代收款项、学校本部与独立核算二级单位之间拨款、学校与个人之间发生的其他资金往来且不构成学校收入的款项、非同级财政拨款、学校取得的其他事业单位转拨的财政性资金以及财政部明文认定的不作为学校收入确认的其他资金往来款项。公益性单位接受捐赠统一收据开具以学校或校内各单位名义按照自愿和无偿原则，依法接受公益性捐赠时开具的收入票据。各类地方财政票据，如学校医院从事门诊服务取得医疗收入时开具的收款凭证。增值税专用发票和增值税普通发票主要用于高校收到横向科研经费和纵向科研经费中来自企业合作单位的款项、高校取得的会务费、测试化验加工费等服务性收入款项。

4.管理流程和要点

票据的领用包括向财政部门或税务部门领购，也包含校内相关单位向学校财务部门领用。管理流程和要点主要包括票据的领购环节；票据保管、票据入库、票据盘点环节；票据使用、到款开票、预开票据环节；票据核销、领用票据的归档、票据监督检查环节以上四个方面的内容。

一是票据的领购环节。高等学校作为独立核算、会计制度健全的主体，应负责向同级财政部门或税务部门统一申领。按照财政部门告知的程序、材料要件及要求进行申领票据。行政事业性资金往来结算票据实行的制度是凭证领用、分次限量、核旧领新。若需领购税务发票，应持有税务登记证、经办人有效身份证明以及严格按国家税务主管部门要求规范式样定制的发票专用章印模，向主管税务机关申领发票。

二是票据保管、票据入库、票据盘点环节。高校从同级财政部门领购的票据应按照票据类型准确清点、编号、登记台账、入库，确保存放在安全的场所，同时专人负责管理。期末应按照票据种类和票据号段及票据清单登记台账进行盘点，逐一查验核对，确保账实完全相符。

三是票据使用、到款开票、预开票据环节。高校票据使用管理应指定专人负责，不得擅自转让、转借、代开、销毁。应建立健全票据审核制度，各类票据应按照规定范围使用，不得相互串用。在具体使用票据时，严禁自行超范围扩大票据使用。票据开具的内容应完整、真实，各联次内容、金额一致，印章齐全、其他要素均需清晰、齐全、规范。严格预开票据管理制度，因教学科研工作实际情况需要预开票的，需提出借票申请并提供有效、规范的合同、协议等相关资料，经财务部门审核签字盖章后开具票据。申请开具电子票据的，应确保自电子票据内容形成初始起，电子票据的元数据各要素均准确、完整、来源可靠，且传输过程中发生的形式改变不得影响资金电子票据内容的真实、完整。按照及时、准确原则进行票据入账。

四是票据核销、领用票据的归档、票据监督检查环节。校内各二级单位领用的票据使用完毕，应及时办理核销手续。电子票据收款单位和付款单位应当准确、完整，并按照会计信息化和会计档案等有关管理要求入账归档。票据遗失的，应在规定时间要求内登报声明作废，以书面形式将遗失原因等相关情况，及时报送原核发票据的财政部门或税务部门备案。高校应建立预开票据的定期清理机制，按规定向财政部门或税务部门报送票据的申领、使用、作废、结存等情况，确保收入应收尽收，严控票据风险。学校财务部门或审计部门应对校内二级单位票据领购、使用、管理等情况进行检查和监督。相关二级责任单位应如实反映情况，提供资料，不得隐瞒欺骗、弄虚作假。高等学校票据业务活动控制流程如图5-2所示。

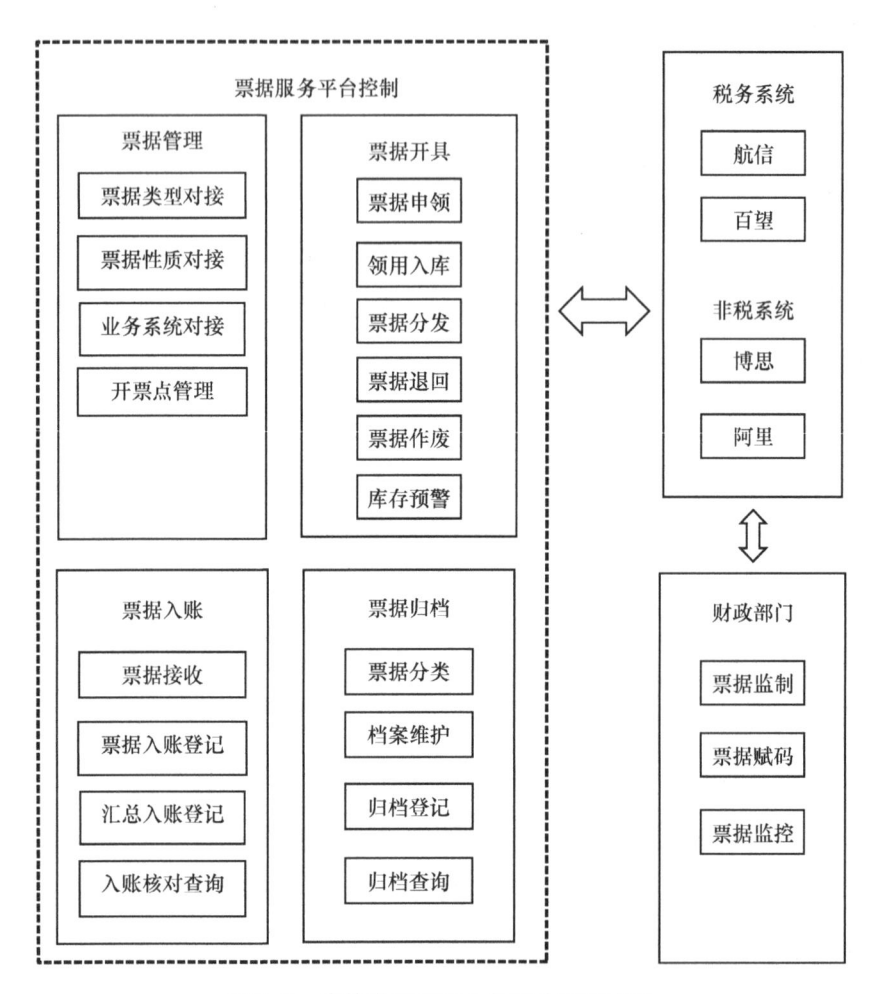

图5-2 高等学校票据业务活动控制流程

票据服务平台控制：
- 票据管理：票据类型对接、票据性质对接、业务系统对接、开票点管理
- 票据开具：票据申领、领用入库、票据分发、票据退回、票据作废、库存预警
- 票据入账：票据接收、票据入账登记、汇总入账登记、入账核对查询
- 票据归档：票据分类、档案维护、归档登记、归档查询

税务系统：航信、百望

非税系统：博思、阿里

财政部门：票据监制、票据赋码、票据监控

（三）支出管理

遵循内部控制的要求，高校应当建立"预算编制为先导、资金管控为核心"的支出业务内部控制体系。通过建立健全信息化手段加强支出业务事前、事中、事后规范的流程控制，完善内控机制，

固化控制节点，强化智慧财务信息化系统建设，实现支出控制财务管理一体化或业财融合一体化，确保支出业务财务数据核算及时、准确。以下从支出制度建立完善环节，支出预算控制环节，支出审批控制环节，支出审核控制环节以及支付控制环节五个方面进行阐述。

一是支出制度建立完善环节。高校支出制度的建立与持续完善是支出业务内部控制的关键，高校应通过梳理国家各类财经政策法律法规、财经纪律要求及《政府会计准则制度》《事业单位财务通则》《高等学校财务制度》等有关支出业务的规范流程以及负面清单，建立符合本校实际情况的各项支出业务管理制度。具体包括经费管理及审批办法、专项资金管理办法、差旅费管理办法、培训费管理办法、会议费管理办法以及公务接待管理办法等。应明确各类支出业务归口的职能管理部门，类型包括但不限于：引进人才专项、学科建设专项、课程建设专项、教育教学改革专项、科研项目经费、基本建设项目经费等。以分级管理为基础实行"一级统一核算，二级分级管理"，进一步贯彻落实"放管服"要求，增强经济责任意识，充分发挥资金使用效益。

二是高校应加强支出预算控制。财政是国家治理的基础和重要支柱，科学的预算体制是优化资源配置、优化资金支出结构、实现高校高质量和内涵式发展的保障。高校应建立健全支出标准体系，为预算编制提供科学、可靠的基本依据。严格落实过紧日子的要求，严格控制一般性预算支出。落实无预算不支出，加强信息化系统建设，为项目全生命周期管理的实施提供共享平台。预算支出应全口径以项目形式纳入预算项目库储备，未通过评审入库的项目，预算一律不得安排支出。强化年度预算执行的内部控制监督约束，加强财务运行风险防控。支出反映预算安排的功能方向、经济性质、资金规模和具体用途。学校支出预算分别反映学校作为政府会计主体的财务状况、运行情况（含运行成本）和现金流量的情况，同时，亦反映年度收支预算执行结果。预算控制必须以全方位、全覆盖、全过程为原则，贯穿于各项业务活动和管理活动始终。三是高校应加强支出审批控制。在开展各类业务活动、发生各类资金支付之前，都应履行支出的事前申请程序，经审核通过后方可开展具体业务。高校财务部门应当牵头依法依规建立健全学校及各二级单位支出的经费分类、逐级审批权限、规范程序、经济责任和相关控制措施。审批人应对负责的各类经济业务或事项的事前、事中、事后跟踪掌握情况，先审核，再审批。高校各预算执行单位不得将同一经济业务或事项进行拆分、化大为小、化整为零，以此规避审批程序控制及财会监督管理。大额资金审批实施权责对等的逐级审批制度，根据支付申请金额大小由单位负责人、归口管理部门、分管归口校领导、分管财务校领导、校长逐级审批确认。重大财务决策、重要项目资金安排和大额资金安排等支出审批，必须实施集体决策制度。根据高校实际开展教学科研学生工作等需要，可在财务负责人签批前设立副职或业务负责人审批签字制度。当项目负责人与业务负责人为同一人时，则实行复签联名制度。

四是高校应全面审核支出业务。高校在严格遵守国家法律法规、财经政策、财经纪律、规章制度等要求及《政府会计准则制度》的前提下，应根据往年各级各类审计、专项检查、巡视巡察的整改要求，完善支出业务审核要点。重点审核管理的要点包括：支出项目是否纳入预算、支出申请是否与预算项一致、开支范围或开支标准是否超过限额标准、审批程序是否完整等。对于支出业务所附原始单据的审核重点在于真实、完整、合法，审核内容主要包括：原始附件来源合法性，内容的真实性，单据使用的准确性，签章等要件的齐全、完整性，是否能够如实反映经济业务或事项的经济实质，会计人员应通过专业素养进行职业判断，是否存在使用虚假票据套取资金、虚构经济业务报销费用等各类情形。除法定税务发票和财政票据外，作为支出业务所附原始单据的材料，高校应在支出申请预约环节明确界定各项经济业务和事项所需绑定的各类审批表、资产清单和合同协议等要件。要求经办人员规范填写、所在单位审核、归口职能部门审批后，与支出业务其他原始附件材料准备齐全后及时提交财务部门作为账务处理附件。对于超出规定标准的支出申请应重点审核、查验，由经办人提供书面情况说明，并经所在单位主要负责人签字盖章确认，确因工作开展实际需要且必须发生的开支，履行完规定审批手续方允许投递报销。

五是高校应加强支付环节的控制。高校应加强出纳付款管理，支付流程应形成闭环，明确付款审核人的职责和权力。严格按照财政预算管理一体化平台支付操作规范执行，支付款项时应核实资金来源的预算类型，正确选用支付结算方式并规范使用。现金结算应当符合相关现金管理条例和制度的规定，严格执行公务卡结算制度和国库集中支付制度。出纳应当对已经签发的支付凭证及时、准确进行登记。对于基本建设、大型修缮、设备采购等付款应加强跟踪管理，动态监督，未经第三方中介机构会计师事务所出具同意意见的审计报告，应拒绝支付款项，确保资金损失浪费发生。高等学校支出业务活动控制流程如图5-3所示。

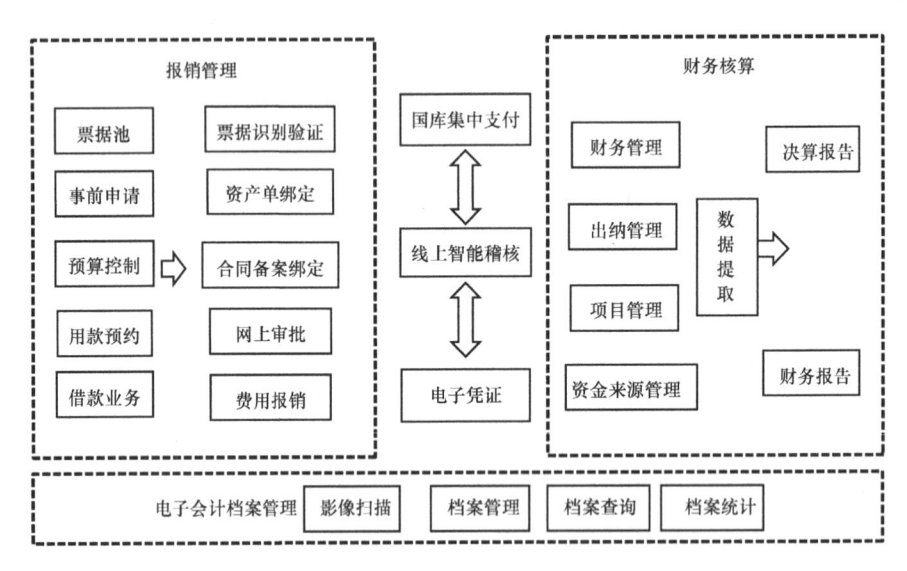

图5-3 高等学校支出业务活动控制流程

（四）公务卡管理

为进一步适应国库集中支付制度改革，规范财务管理，提高公务支出透明度，减少现金支付结算，高等学校发生公务活动时，均应使用公务卡支付结算。公务卡，是指以教职工个人名义向学校公务卡代理银行申请开立并纳入政府公务卡管理系统管理的银行贷记卡。公务卡由高校在编教职工本人持有、保管和使用，具体用途是公务活动支出结算、财务报销，也可用于个人消费行为，具有贷记卡一定额度的透支消费和透支免息期。公务卡实行实名制的"一人一卡"制，教职工个人作为公务卡持卡人并承担相应的法律责任。公务卡办理的范围为学校在编在岗教职工。公务卡管理流程有四个环节要点：公务卡开立和领取环节、公务卡的使用和管理环节、公务卡结算的报销原则、公务卡的使用范围。

一是公务卡开立和领取环节。学校教职工如实填写"银行预算单位公务卡个人申请表",连同身份证复印件等完备材料交高校财务部门,由财务部门对相关开卡资料进行初审并集中送至发卡行下属支行。待发卡行统一按规定程序审核教职工个人资料后,方可办理公务卡,并以邮寄方式送达教职工。教职工收到公务卡经激活后方可使用。

二是公务卡的使用和管理环节。公务卡是以教职工个人名义申领的,卡片和密码均由个人负责保管。在支付结算中,公务卡优先用于公务消费,在满足公务消费使用的前提下,也可用于个人消费。公务卡用于单位公务支出的结算,持卡人在未办理报销手续之前,无论是公务消费还是个人消费均属个人行为,个人承担由此产生的经济、法律等全部责任。

三是公务卡结算的报销原则。具体指在高校现行财务管理制度和报销审批程序下,不改变原有报销审批程序,不再使用现金支付结算。教职工因公务活动使用公务卡消费时,应取得并妥善保管打印有本人卡号字样的公务卡消费交易凭条(即POS机小票),连同对应的报销发票一并作为报销业务的原始依据票据。

四是公务卡的使用范围。应严格执行公务卡结算制度和国库集中支付制度,公务卡作为一种现行通行的结算支付方式,不仅透明度高、使用便利,最重要的是所有公务活动支付结算行为都会留下信息痕迹、有据可查。高校要进行宣传教育,强化教职工规范用卡意识,普及用卡规定,保障正确用卡,促进结算工作安全、规范运行。公务卡主要用于日常公务活动支出和财务报销业务,具体包括办公费、印刷费、差旅费、培训费、公务接待费等日常公用经费支出和报销。公务卡当月消费后,应在银行确定的还款日前进行归还,因个人不及时申请报销造成的罚息、滞纳金等相关费用，由教职工个人自行承担。为避免报销不及时造成滞纳现象，高校应对报销所需时间作出明确规定。

（五）核算和归档

在公共财政体制背景下，会计制度必须与预算管理体制改革相适应，我国行政事业单位会计核算范围逐步扩大，权责发生制逐步引入，在未突破预算会计核算体系的基础上，既满足财政预算管理需要，又确保预决算信息与财务信息相融合。因此，财政构建了统一、科学、规范的政府会计准则体系。高校会计核算立足高校财务自身特点，会计核算模式严格执行财务会计和预算会计适度分离并相互衔接的政府会计准则制度，强化财务会计的同时，完善预算会计。与此同时，在同一会计核算系统中，预算会计要素和财务会计要素相互协调，决算报告和财务报告相互补充，全面反映政府会计主体年度预算执行情况和财务状况、运行情况（含运行成本）以及现金流量等信息。高校采用的政府会计核算模式，主要目的包括提高会计信息质量、提升高校财务管理水平和预算管理水平。会计业务核算的特点主要体现在以下三个方面：一是"双功能"，即在相同的基础会计核算系统中，围绕资产、负债、净资产、收入、费用五个会计要素开展财务会计核算，而预算会计核算则是围绕预算收入、预算支出和预算结余三个会计要素展开，以此构成了高校财务核算的"双功能"。二是"双基础"，即从政府会计的核算要求出发，收付实现制作为预算会计的核算基础，而权责发生制是财务会计核算的基础，高校必须按照相关规定夯实"双基础"的核算功能。三是"双报告"，即会计核算工作完成后，对应的财务报告由财务会计核算数据形成，决算报告由预算会计核算数据形成。

高校应当做好会计档案的收集、整理工作，严格遵守党和国家有关档案、保密工作的政策和法律法规，提高依法开展会计档案工作的意识，有效保护、记录和反映学校经济活动，确保会计档案的真实、完整、安全、可用，保存好学校财务工作记忆，为学校管理提供财务状况、运营情况等关键会计信息，发挥分析、咨询、决策的支撑作用。高校财务部门应设立岗位，明确职责，安排专人负责妥善保管会计业务收付转凭证、相关原始附件、合同或协议、清单、情况说明，以及年终决算编制的决算报告、财务报告等资料，及时整理、扫描、装订成册并归档保存。

第三节　高校收支业务内控协同运行优化

一　以依法、合规保障收入组织尺度规范

高等学校收入类型相对复杂，作为内部控制首要的重要目标是所有收入合法合规且应收尽收。凡属高校为主体的收入必须统一归口财务部门管理，杜绝"账外账"及公款私存现象。第一，各类收入的合理确认。高校从同级财政部门、上级主管部门及业务部门取得本级和非本级各类拨款，应及时确认收入，不得在往来款项中核算。应上缴国库或财政专户的非税收入等资金，必须按规定及时足额上缴，不得隐瞒、滞留、截留、挪用。国有资产出租出借收入，作为租金收入，可按照相关规定纳入学校预算统筹管理。高校开展教学、科研及其辅助活动依法取得不需要偿还的收入，应及时足额

收缴入账。科研经费纳入学校财务统一管理,单独核算,专款专用。高校开展非独立核算经营活动依法取得的收入作为经营收入管理,并依法纳税。第二,高校多渠道组织收入。高校可充分发挥自身的优势和影响,通过社会捐赠、盘活资产、开展合作等途径,以及校友会、基金会等多种形式,多渠道筹集资金。但所有的收入必须依法合规取得。为此,高校在收入管理中,一是要根据业务性质制定学校收入相关制度,全面广泛把各二级部门、学院(学部)取得收入渠道和标准进行严格定位,使各类收入主体能够准确把握收入组织的尺度和规范。二是在执收过程中,财务部门要建立收入审核机制及收入稽核机制,对隐匿性强的收入定期进行稽核。三是强化票据使用及税收管理,让各类收入得到依法合规的保障。

二 以平衡、节约严格支出管理效能控制

高校支出管理效能控制的实现,一是体现在支出内容和事项的真实合规、票据来源的合法、使用票据的正确性,以及严格执行国库集中支付制度和政府采购制度等有关规定,以防止并及时发现、纠正错误及舞弊行为。二是体现在支出管理应当将各类支出全部纳入学校预算,建立健全支出管理制度,明确各项支出的开支范围和开支标准,合理设置相关岗位,明确支出审批权限,规范和加强支出管理。三是应当建立健全各级单位支出的内部审批权限、程序、责任和相关控制措施,各级审批人应当在授权范围内审批,不得越权审批,重要财务决策、重点项目资金安排和大额资金的使用,必须实施集体决策。结合高校的特征,尤其要注重打破支出僵化格局,推进支出标准体系建设。合理确定支出预算规模,调整完善相关重

点支出的预算编制程序。学校应当加强节约型支出的建设和管理，从预算安排到支出控制均要不折不扣地落实行政事业单位"过紧日子"的相关要求，切实做到厉行节约，严格控制一般性支出。在不同类别的支出中，严格执行国家及省级财政部门确定的有关事项开支范围和开支标准。在"三公经费"支出中，认真贯彻落实公务接待的相关要求，严格执行接待审批制和"三单一函"报销要求，对因公出国（境）支出特别是行政团组一般性支出，着力强化规范控制的相关要求，严格对公务用车运行维护及购置费、会议费、培训费等支出的管理和控制。此外，在奖励性绩效工资及其他人员酬金的发放方面，要通过财务系统对业务经费和人员经费类别进行分离控制，杜绝超标和超范围违规发放津贴补贴。

三 以法治、秩序硬化收支刚性约束原则

以法治、秩序硬化财务收支主要指的是通过法治化的手段和规范化的管理，确保财务收支的合法性、透明性和有效性。加强收支管理刚性约束首要的是从源头进行管控，高校要以法治的观念对收入进行严格管控。首先，由于资金收支管理与银行账户管理紧密联系，高等学校要严格管理银行账户，未经审批备案，不得擅自开立和变更银行账户，对于财政预算单位账户清理整顿工作要求需要撤销的，应当及时清理销户。其次，由于高等学校学费和住宿费收入占比较大，超标准和提前收费是最容易出现的问题。高等学校要严格按省发改委和省物价局批准的高等学校学历教育培养定价的收费项目和标准进行收费。及时公开收费相关信息，包括学费、住宿费、服务性收费等。所有收费项目、收费标准和收费依据均应严格按规

定场所和方式在学校公示栏、校园网进行长期公示。最后，确保财务收支的合法性、透明性和有效性是刚性约束的重要原则，高校财务收支活动必须遵守国家相关的法律法规和内部审计规定，确保每一笔收入和支出都有合法的依据，不得有任何违法违规行为。财务活动的重大决策和重大经济事项等，要坚持让广大教职工依法享有知情权、参与权、表达权、监督权，促进民主管理和民主监督有效推进。

第六章

高等学校政府采购业务内控建设的协同架构

公办高校作为行政事业单位，具备非营利目的、所有权国有化、预算来源于财政拨款、教学科研和管理并重、经济业务活动多样性以及采购规模巨大等特点。从主体角度和采购目的来看，高校属于政府采购法规定的采购主体之一，高校进行的采购活动符合政府采购的定义。高校采购通常使用财政性资金，包括财政预算拨款、政府性基金等。以财政性资金作为还款来源的借贷资金，视同财政性资金。这些资金的使用受到严格的监管，必须按照政府采购法规定的程序进行使用。从采购对象看，高校采购的对象包括货物（如教学设备、实验器材等）、工程（如校园基础设施建设、大型修缮等）和服务（如物业管理、科研咨询等），这些采购对象均属于政府采购法规定的采购范围。高校采购在采购主体、采购目的、资金来源、采购行为、采购对象和采购限额等方面均符合政府采购的定义。

对于高校而言，政府采购工作是高校发展的基础性工作，是实现学校治理体系和治理能力现代化和学校战略的有机组成部分。政府采购理应是财务内控的重要活动，必须将其作为内控治理重要的内容体现在相关业务活动中，并且采购活动必须遵循公开、公平、公正和诚实信用的原则，依法进行，以确保采购活动的规范性和效率性。为规范学校采购工作，优化资源配置，提高采购资金的使用效益和采购工作效率，高校应当建立完善"运行规范、公开透明、权责明晰、经济高效、监管到位"的采购管理运行机制和廉政风险防控长效机制。根据不同业务分类，明确决策权限和责任归属。同时，根据分级授权的决策模式，建立与组织机构和采购业务相统一、相适应的内部授权内控管理体系。

第一节　高校政府采购业务内控建设综述

一　政府采购业务内控概念及范围

广义的采购作为一种市场行为，是指采购人基于生产、销售、消费等目的，购买商品或劳务的交易行为，是以合同方式有偿取得货物、工程和服务的行为。购买方式、租赁方式、委托方式、雇佣方式等均属于其范畴。即从资源市场获取资源的过程，是现金流和物流相统一的一种经济活动。高校的采购管理指高校使用各类合法收入经费购买货物、商品和服务的管理活动。采购是指以合同方式有偿取得货物、工程和服务的行为，包括购买、租赁、委托、雇佣等。根据《中华人民共和国政府采购法》的规定，政府采购是指各级国家行政事业单位和社会团体组织，使用财政性资金采购，依法制定的集中采购目录以内的或者采购限额标准以上的货物、工程和服务的行为。高校采购所涉及的货物是指形态和种类各异的物品，包括原材料、设备、产品等；工程是指建设工程，包括对建筑物和构筑物进行新建、改扩建、装修、拆除、修缮等；服务是指除以上两类以外的其他政府采购对象。

我国政府采购的概念由六个要素构成：一是采购目的，各级政府采购主体为了开展日常公务活动或为社会公众提供公共服务的需求及公共财产的供给。二是采购主体，包括各级国家行政事业单位和社会团体组织。三是采购资金，包括财政性资金，即纳入预算管理的资金。四是采购对象，即包括货物、工程以及各类服务。五是采购行为，以合同方式有偿取得货物、工程和服务的购买、租赁、雇佣等行为。六是限制条件，采购对象为集中采购目录以内或者采购预算达到采购限额标准以上。

政府采购的公共属性决定了其与私人采购的本质区别，以及实施内部控制的根本要求。一是公共性是政府采购的本质属性。二是采购活动具有政策性。三是采购过程和采购程序具有规范性要求。四是采购客体对象具有广泛性。五是实施采购的主体要求具备法定性。

二 政府采购业务内控的目标定位

政府采购项目和非政府采购项目均应严格依法依规开展，遵循公开透明、公平竞争、公正和诚实信用原则，其内控目标体现在通过建立和完善内部控制机制，确保政府采购活动的合法性、效率性、廉洁性和透明度，同时实现国家政策的引导作用，防范各类风险，发挥公共资金的使用效能。

政府采购内控包括制度控制、环节控制和岗位控制等方面，高校采购业务内控措施均是为了确保政府采购活动的规范、高效和公正，提高政府采购的组织管理水平和公信力，防范和控制政府采购业务风险，优化营商环境，促进经济发展。高校政府采购业务内部控制具体体现在：一是在年度预算编制工作开展前，提前规划下一年度学校重点工作及特定发展目标，科学合理编制采购计划及预算。二是重大采购项目按照"三重一大"要求，集体研究决策，报经校长办公会审议和党委会审定。三是政府采购项目和非政府采购项目严格按相关规定和程序进行采购、验收、申请款项支付和资料归档。四是针对政府采购过程各环节中的管理流程和风险要点，加强财会监督力度和建立廉政风险防控长效机制。

三 政府采购业务内控的风险关注

高校政府采购业务管理内部控制制度中应当着力强化对以下关键要点或者关键环节的风险控制：一是采购需求管理粗糙，采购计划不明确，未按学校发展规划申报政府采购计划；采购经费不落实；重复采购和资产配置超标；政府采购系统中未按照预算编制的项目和采购品目编制采购计划；新增资产配置与品目不匹配，导致实际采购标的与立项申报内容不匹配等。二是采购方式理解偏差，招投标或定价机制不科学、依据不充分；供应商资格审查或评审标准不恰当；内部授权审批不严格；采购商品和服务质量明显有瑕疵，存在以次充好或欺诈行为。设置影响供应商参与公平竞争的障碍和壁垒，导致对供应商实行差别待遇或歧视待遇。三是合同中采购供应方资格造假，不具备履约供货能力、存在代理业务权限不达标等情形，学校合法权益得不到保障。四是评审因素设置不合理，导致评审不合理、不公正；采购需求编制不规范、不科学，导致采购的设备或服务不能较好满足采购单位实际需求，或者导致采购项目的流标、废标，甚至引起质疑投诉。五是合同签订不规范，未按照采购文件和投标文件（响应文件、二次报价承诺）内容拟定合同，改变实质条款，导致合同执行的风险，损害高校利益。六是政府采购验收不全面，组织不认真，付款审批不严格，可能导致采购货物质量参数不达标、资金没有发挥最大效益。

第二节　高校政府采购业务内控协同方式探析

一　职责配置与授权审批

政府采购本质上将采购人的微观经济行为和政府整体的宏观调控工具双重功能融合起来，以实现经济、政治、社会的多重目标。具体职能可以归纳为以下六点：一是厉行节约，提高财政性资金使用效率。二是通过宏观调控手段，以避免和弥补市场失灵。三是发挥政策功能，促进中小企业发展。四是发挥制度优势，扶持民族产业。五是支持环境保护，实现可持续发展。六是坚持阳光公正，促进廉政建设。由于高校政府采购业务通常分布在不同的业务单位，因此，在大额采购业务中，高校应当增强采购管理部门、资产管理归口部门、财务部门、审计部门和纪检监察机构的横向协同、相互制约的工作机制建设。科学合理设置并明确采购计划编制、采购预算审批、采购执行、合同法务审查、采购验收、款项支付、档案管理、采购监督等部门的职责，使全过程的管理工作受到不相容岗位相互分离的制约。

高校招标采购管理工作应实行归口管理。归口管理部门应建立健全招标采购项目管理制度，全面梳理所有采购环节可能存在的风险点，规范采购预算与计划编制、项目论证、立项审批、采购需求编制、采购文件审核、开标评标、合同签订及履行等环节的管理流程及要点。明确相关部门和岗位的职责与权限，确保采购需求制定与内部审批、招标文件准备与复核、合同签订与履行、验收与保管等不相容岗位相互分离，确保招标采购全过程在依法依规、优质高效的轨道内运行。

由于高校招标采购的大量工作由各职能部门和各学院（学部）承担主体责任，其主要工作职责也应当相应地进行分类赋责，使职能上能够较好地形成横向协同、纵向联动机制。最主要的业务职能部门是国有资产和实验室管理处，其主要应当承担宣传、贯彻、执行国家各级各类现行有关政府采购的法律法规和方针政策，严格按照政府采购的程序及学校的规章制度进行采购管理工作；结合学校工作实际，建立完善学校政府采购管理办法、国有资产管理办法及招标采购管理办法等；负责审核论证材料、审批采购方式、立项申报、审核采购文件、参与开标评标、重大合同签订及备案等环节的采购管理工作；负责学校采购项目档案资料的收集、整理与归档；做好政府采购管理中与采购供应单位、各相关职能部门、省财政厅、省教育厅、海关、招标代理机构等校内外相关部门的各项组织与协调工作；负责招标代理机构的委托及日常管理等事务。

财务部门应当负责采购项目经费属性、资金来源的审核、财务管理、款项支付、会计核算，以及其他与政府采购相关的经费管理及资产入账工作。审计部门负责审核重点采购、重大采购项目及大金额项目采购的跟踪审计以及与外部中介机构和会计师事务所开展相关审计事务工作的联系。法律事务部门负责按照学校合同管理的规定，对合同合法性进行审核。各采购单位负责编制本单位采购计划及预算，确定采购项目经费来源；组织本单位采购项目论证及专家聘请；负责编制采购需求（包括技术参数、服务内容、交货期限、售后服务等信息）；参加招标文件的会审；负责合同的执行及申请款项支付；协助学校采购管理职能部门处理质疑回复、投诉等事项。各层级采购单位应对重点采购、重大采购项目及大金额项目的预算编制、项目立项、需求编制等事项，按照"三重一大"要求，通过集体研究决策；各采购单位应根据学校政府采购管理的相关规定，结合自身实际，制定与本单位相适应的采购实施方案或细则，完善内部采购流程、工作职责及监管措施，确保单位内部采购程序的合法、规范与高效。

二　政府采购业务活动控制

高等学校政府采购管理工作对提高资金使用效益，促进廉洁文化建设，落实党风廉政建设主体责任具有非常重要的积极现实意义。因此，政府采购业务活动应更加注重统一性和规范性。

（一）采购需求管理

加强政府采购源头管理的重要内容是科学合理确定采购需求。

高校采购具有规模巨大，采购种类繁多、范围较广、采购资金来源复杂、经费管理权限分类较多、采购管理组织结构层次多、科研采购需求专业要求独特、变化性强等特点。因此，在贯彻国家"放管服"精神背景下，要注意以下五个要点：一是根据学校发展战略目标，围绕采购活动需要实现的具体目标，如降低成本、提升质量、保障供给等，开展采购相关工作。二是做好采购需求论证，高校各部门、各学院（学部）均是采购需求部门，采购归口管理部门应推进采购信息化建设，对采购需求建立项目库，组织拟入库项目的必要性、可行性、规范性和合理性论证管理。严格按照采购工作流程，规范组织开展采购工作，以实现采购需求科学合理、厉行节约、规范高效、权责清晰。首先，由各部门和各学院（学部）根据实际工作情况申报采购需求；其次，采购归口管理部门组织专家论证需求；最后，财务部门依据经论证的采购申请批复，汇总学校年度新增资产采购需求项目预算，统筹协调好需求和预算控制。三是提升采购需求管理专业水平，逐步建立政府采购需求管理信息系统平台，创新需求管理机制和动态跟踪方式，提升监管效能实现。教育部政府采购中心明确提出要加快高校采购信息化建设，促进高校政府采购提质增效，同时要求高校充分认识采购信息化建设的必要性和紧迫性，通过信息化建设提高采购效率，规范采购工作，防范廉政风险。四是应当建立健全采购申请审批制度，用"制度+科技"引领政府采购高质量发展，利用云计算、大数据、人工智能等先进技术将明确的请购和审批程序进行流程化管理。高校采购归口管理部门应当根据实际需求和法定标准，将采购管理体制和运行机制有机结合，包括采购计划、采购批次、采购审批等内容。以制度为纲，以流程为线,逐步推进采购申请与审批线上一站式转变,提高采购业务效率,降低采购成本。在采购环节,遵循公开、公正、透明原则,签署《廉政风险责任书》并进行公示,避免相关利益输送和杜绝腐败现象,保障采购业务活动正常开展。五是高校财务部门应当加强对采购需求的预算审查,按照保障重点、兼顾一般、勤俭节约的原则,编制下一年度的采购计划及预算,按照已批复的预算安排采购计划。常规关注要点有:采购归口管理部门是否确认采购需求申请,采购需求是否有预算保障等。重点关注要点是:高校政府采购绩效管理,不以节支率为绩效,以结果导向为基础的推进采购管理工作,建立适应学校的政府采购绩效管理制度,将绩效理念贯穿学校政府采购全过程。

(二)采购方式

采购分为政府采购和非政府采购两种方式。其中,政府采购具体分为六种法定采购方式:公开招标、邀请招标、竞争性谈判、单一来源采购、询价、竞争性磋商。非政府采购包括学校统一采购和学校零星自行采购。政府采购经常被等同于公开招标采购,这是不全面的认识。按规定,政府采购分为招标采购和非招标采购两大类。其中:招标采购大类包括公开招标、邀请招标两种采购方式;非招标采购方式包括竞争性谈判、单一来源采购、询价、竞争性磋商四种采购方式。

从协同控制角度出发,一是学校应当建立科学的供应商准入和评估制度,建立与完善供应商管理分类信息系统,对供应商提供货物、工程和服务的质量、数量、时效、价格、诚信状况、财务状况等进行实时跟踪管理和综合评定,根据评级结果对供应商进行合理选择和动态筛选调整。二是高校采购归口管理部门应当科学合理确定采购业务的价格选择机制和招投标评标办法。对技术、服务等标准统一的货物和服务项目，应当采用最低评标价法；对技术、服务相对复杂、要求高的货物和服务，可采取综合评分法。三是加强对采购合同的规范性审查，对招采完成后的合同签订环节，高校要组织对中标人主体资质、业绩信誉、经营状况等进行复核，按照采购要求落实合同条款并进行签署。对于与学校发展事关重大、影响深远的事项，或在采购中涉及复杂的专业技术和复杂的法律关系的采购项目合同，需协调校内外的专业技术人员、法务人员等参加谈判，以保证相关合同条款的执行通畅。四是高校应贯彻总体国家安全观，遵循防控并重、分级分类的原则，按照法律法规严格对采购进口产品进行审查并严格履行审批手续。

（三）履约验收

履约验收是指政府采购的最后一个环节，直接关系政府采购的质量和效果。其是高校及采购主体的单位、个人或委托授权第三方对供应商履行采购合同的情况进行检查、验收、考核、确认的行为。履约验收是采购工作中的关键环节，是提高采购质量、提升采购效能、实现采购目标的有效途径。采购项目履约验收工作遵循"用户主导、分级负责、多方参与、相互监督、权责明晰"的原则。履约验收的具体形式根据采购项目特点确定，包括但不限于资料查验、现场查验、过程检查、考核评价等。履约验收工作应成立验收小组，根据实际情况制定详细的验收工作方案，严格按照采购合同、招标文件、投标文件以及相关的国家标准、行业标准、技术规范开展，根据合同约定条款对每一项产品、技术、服务、安全标准的履约情况进行确认、记录、签字并妥善保存验收材料。

货物类采购项目履约验收内容主要包括采购合同约定的显性指标、技术质量隐性指标等内容的履约情况。一是显性指标验收，应根据采购合同等相关文件查验供应商交付产品的品牌、型号、数量、配置、配件、生产厂商、产地等信息，逐一核对采购合同、到货清单和实物三者是否相符，检查产品外观的完好性、完整性、新旧程度，并查看产品说明书、合格证、保修单、用户手册等随机资料是否齐全。二是技术质量验收，应根据采购合同、招标文件、投标文件等相关文件检查货物是否按照技术规范及使用需要进行安装调试，并通过运行测试（包括功能测试、技术指标测试、整机测试）和仪器检测等方法，查验产品的性能指标、技术质量以及提供的人员培训等技术服务是否符合合同约定的要求等，同时检查测试记录、试运行记录、培训记录等是否齐全。

服务类、软件类采购项目履约验收内容根据采购项目特点、技术指标、采购合同、招标文件、投标文件的约定验收。延续性服务项目的验收内容以服务质量考核及履约情况确认为准。对于验收过程中发现的异常情况，验收单位、个人或被委托方应当查明原因，不得接收、安装、使用该产品，安装调试后发现产品不符合合同要求的，不得进行使用前的培训和试运行。验收不合格的，不得违反合同约定支付对价，避免出现资金损失。需要整改的，要及时督促供应商及时整改到位，再提请采购归口管理部门进行最终终验工作。

（四）信息公开及档案管理

2018年《深化政府采购制度改革方案》明确要求建立以优质优价采购结果和用户反馈为导向的现代政府采购制度目标。高等学校应建立完善预算绩效管理制度，将绩效理念贯穿学校政府采购工作全过程，为政府采购纳入预算绩效管理，达成采购质量和采购效率目标提供有力的政策支持。"流程信息化"是高校内控建设最终的落脚点，也是高校政府采购落实"放管服"的有益探索。在高校数字校园和智慧校园建设战略背景下，预算编制、需求论证、采购申请、采购招标、采购执行、质疑回复、合同公示、合同签订、履约验收等全部采购流程环节，建立信用公开机制成为可以实现的目标。现行条件可以通过信息化技术实现高校人、财、物等横向部门高效协同，实现业务的电子化和便捷化，落实"让信息多跑路，让师生少跑腿"的建设要求，提供一站式电子服务，提升采购工作的效率和服务师生的水平。积极探索互联网技术支撑的政府采购模式，通过电子招标建设，实现招标投标全过程的无纸化和电子化，打破空间限制，极大提高采购工作效率，降低时间成本和资金成本，切实减轻教学、科研人员负担，实现政府采购预算绩效整体目标和各级具体指标。

根据国家信息公开相关的政策要求，结合高校政府采购信息化建设，高校应加强对采购申请的内部审核，按照规定选择正确的组织形式、采购方式，并在规定的门户网站平台上发布采购信息，并对结果进行公示。按照规定时限要求、信息公开流程将学校采购信息进行公开，推动学校依法治校，促进学校采购经费使用和管理的公开、公正、透明，提高学校政府采购管理水平和资金使用效益。

采购的档案管理尤其重要，采购档案的完整性、可追溯性是重要的档案形成标准，在采购档案的管理中，一类是基于流程控制的电子档案，另一类是基于表单管理的纸质档案。两类档案的优势各有侧重,基于流程控制的表单式档案的流转,可以有效杜绝伪造、隐匿或者销毁行为。但无论是哪一类档案,在管理中均须协同推进管理机制,具体而言:一是加强采购各环节业务的记录控制,妥善保管采购业务活动的预算编制与采购计划、采购审批文件、招标书、投标书、评标文件、合同文本、验收证明等采购业务相关资料,包括通过计算机等电子设备形成、传输和存储的电子采购档案。二是强化采购合同管理,认真做好合同签订和执行工作。严格

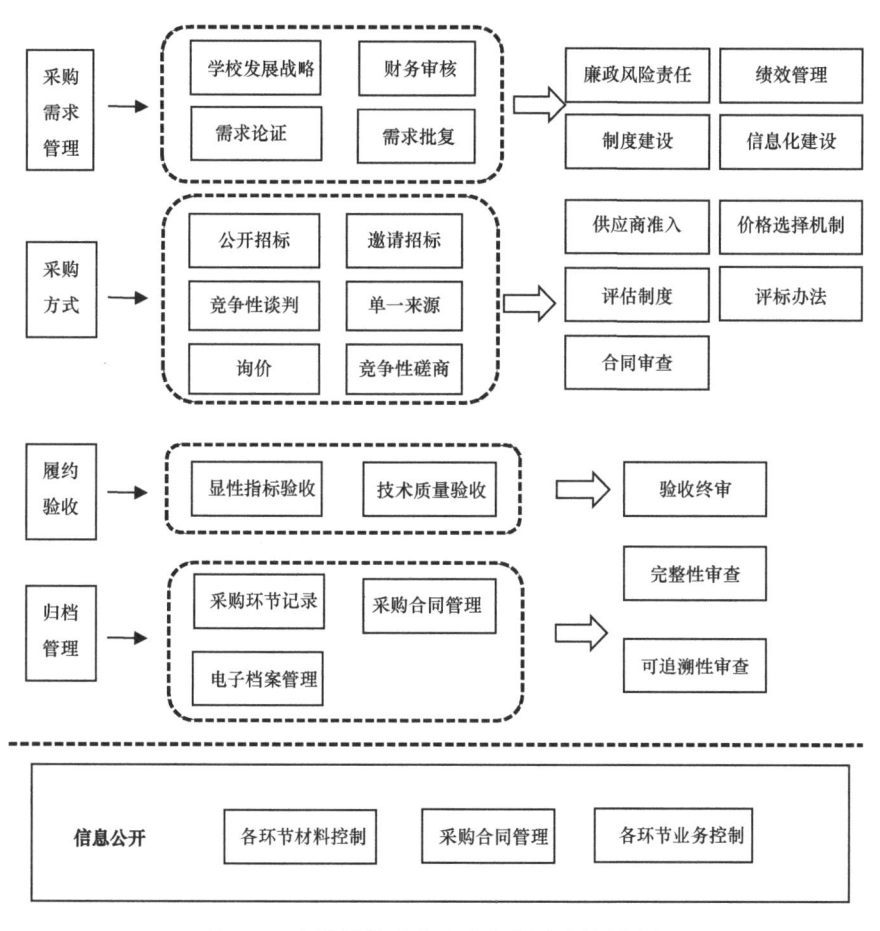

图6-1 高等学校政府采购业务活动控制流程

按照学校合同管理办法审定并签订合同,并严格按合同条款执行项目的供货、履约验收及申请款项支付,不得擅自改变合同实质性条款。三是加强对采购业务的记录控制,制定学校采购业务档案管理制度,明确相关采购业务的归档范围和保管期限,确保采购过程的可追溯性。四是加强对采购业务质疑解答、投诉回复等工作,采购归口管理部门负责组织相关部门,按照国家有关规定做好采购业务活动质疑、投诉、答疑。高等学校政府采购业务活动控制的具体流程如图6-1所示。

第三节 高校政府采购业务内控协同运行优化

一 以程序、标准优化履约验收方法创设

目前高等学校政府采购业务中,完全属于高校自身的主体责任的环节是履约验收,实践中这一业务执行的随意性较宽泛,直接造成了采购业务的风险。履约验收职责、验收条件、验收方式、验收程序、资金支付、监督检查、诚信管理和责任追究等内容需要进行协同优化。首先,从制定验收内容和标准方面应对不同类型的项目进行分类设置。同时,将履约验收结果与资金支付挂钩,明确规定履约验收合格是政府采购项目资金支付的必要条件。其次,建立有效杜绝采购人"重采购、轻验收""搞形式、走过场"和难以全面履约等问题的验收机制,强化政府采购结果管理,实现政府采购事前、事中、事后监管手段职能的发挥,实现从采购预算编制到履约验收全过程闭环管理。在大数据时代背景下,高校应重视采购验收管理,将采购验收与合同规定嵌入政府采购工作流程和信息化平

台，盘活数据资源，释放数据能量，为相关决策提供支撑。同时，整合优化高校政府采购数字化流程，研究建立新型的从需求到支付多位一体的智能化管理模式，实现多部门有效联动、协同管理，从而达到提质增效和防范风险的目标。

二 以评估、评价建立供应实体信用体系

在政府采购业务中以评估、评价建立供应实体信用体系是确保供应链稳定、促进市场公平竞争、提升供应链整体效能的重要手段。高校由于采购业务的同质竞争较强，供应主体的信用成为采购竞争中需要考量的重要因素。通过建立和完善供应实体的信用评价体系，可以有效规范市场秩序，优化营商环境，同时推动学校采购业务的高质量发展。具体而言，评估和评价供应实体的信用体系，一是要针对高校采购中的商品和服务进行分类，除特殊的仪器设备或制备外，存在市场具有同质性的一般公共产品和服务，要对产品参数进行定档分级，在相应的档次内对供应商产品性能开展定期评估和评价，进行使用调查回访。对于优质产品和服务的供应商，可以出台评级备案制度，将其纳入采购优质供应对象，对于评价差的产品和服务进行相应记载。二是对参与学校业务的所有供应商建立信用等级制度，分类型对供应主体建立信用级别，有条件的可以引入金融机构信用评级的模式，适当通过模型建立信用库。三是把评估和评价结果作为学校招标采购、竞争性磋商或谈判、询价采购的参考因素纳入相关招采制度中，一定程度上作为采购业务的重要参考因素。四是实行黑名单否决制度，对于在供应中以次充好、劣质服务的企业，一旦纳入高校采购黑名单，即在新的招采业务中实施

否决。对供应实体的信用体系的建立，要以有效促进采购业务质效为目标，促进采购业务形成良性循环。

三 以分担、预警扎牢风险防范制度藩篱

从构建采购风险防范藩篱的角度，离不开控制和监督两个实践价值要素。控制指的是针对采购失范行为制定科学有效的管理制度、工作流程，建立起前期预防、中期监控、后期处置有机结合的风险防控机制。监督则侧重于通过扎紧廉政风险防控"篱笆"，让采购中的失范行为没有蔓延的空间。控制和监督的力量在高等学校政府采购业务中的功能是外部力量，外部力量的介入往往是强势和有力的。控制与监督的介入方式有着一定的差异，但二者的功效目标是一致和统一的。此外，在采购业务中建立风险分担机制和预警制度是优化内控协同治理的有效手段。在风险分担机制方面，对服务结果具有不确定性的项目，如法律服务等，可以建立成本补偿合同，这种合同类型允许采购人与供应商共同承担研发成本，通过激励措施鼓励供应商达成或超过项目预定目标。具体包括成本加固定费用合同（CPFF）：供应商得到实际成本补偿加上预先商定的固定费用，该费用不随实际成本变动而变动。成本加激励费用合同（CPIF）：除了成本补偿外，还包括额外的激励费用，这些激励依据供应商完成工作的效率和质量来调整。在风险预警方面，可以建立包括市场调研、合同管理、供应商管理、质量控制等方面的预警制度，确保采购活动的每一个环节都能得到有效控制和监督。同时，引入先进的采购管理系统，把预警功能嵌入系统模块，实现采购流程的数字化、信息化管理，提高管理效率。通过数字化手段，实现对采购活

动的实时监控和数据分析，进一步提高风险预警的效率和准确性。通过建立分担、预警的风险预警机制，可以有效地降低采购过程中的风险，提高资金使用效率和透明度。

第七章

高等学校资产内控建设的协同架构

高等学校承担本校占有、使用国有资产的法定管理职责，高校资产管理与财务管理的协同关系十分紧密，二者的协同发展对高校可持续发展有着十分重要的意义。资产管理是财务管理的重要组成部分，良好的资产管理是高校财务管理的稳固支撑，资产的良性运行是财务管理成效的标志性体现。高校资产管理的职责和意义在于确保资产的安全与完整、合理配置和有效利用，以促进高校又好又快地发展。高校资产管理不仅关乎资产本身的管理和维护，更重要的是如何有效地利用这些资产来支持教学和科研活动，培养具有创新精神和实践能力的高级专门人才。加强资产内部控制管理是确保高校资产的安全与完整，避免资产的损失和浪费以及实现资产的合理配置和有效利用的有效举措。高校资产管理的协同控制，应当体现为四个衔接：资产控制与预算控制相衔接、资产控制与财务管理相衔接、实物管理与价值管理相衔接、安全完整与注重绩效相衔接。在资产管理的协同实践中，应当建立资产配置、使用、处置、绩效评价、信息化建设、统计报告、日常监督等具体制度。科学合理设置内部国有资产管理机构，对学校国有资产实施统一领导、归口管理。规范国有资产管理行为，合理配置和有效使用国有资产，防止国有资产流失，确保国有资产安全与完整，保障和促进高校各项事业发展。

第一节 高校资产业务内控建设综述

一 资产业务内控概念及范围

高校资产是指高校占有和具备使用权的实物或权利，包括各类财产、债权和其他权利。高校资产包括但不限于现金及流动资产、实物固定资产、无形资产和股权债权等。具体包括使用国家财政资金形成的资产，接受调拨或者划转、置换形成的资产，接受捐赠并确认为国有性质的资产和其他国有资产，其表现形式为货币资金、固定资产、无形资产、在建工程、对外投资等。资产管理和资产控制的目标和任务是维护学校资产的合法权益，建立健全学校国有资产管理的各项规章制度，不断优化学校的资产配置，明晰资产的产权关系，提高资产的使用效益，合理使用资产经营收益，保障国有资产的安全和完整，促进国有资产保值增值，防止国有资产流失。

二 资产业务内控的目标定位

加强高等学校资产管理，规范资产管理行为，提高资产使用效益，是维护高校合法权益，防范学校资产流失风险，促进高校建设发展的重要举措。高校资产管理内部控制目标定位主要包括以下五个方面：一是通过资产内部管理制度的建立健全，明确资产管理机构和人员的岗位职责，明确资产配置、验收登记、核算入账、领用交接、维修保管、清查盘点、出租出借等环节的操作流程，确保资产管理流程清晰、管理规范、责任可查，提高资产使用效率，并加强对资产科学管理，推动资产高效使用，防止资产损失和浪费。二是保证履行职能和事业发展需要的前提下，产权清晰、安全完整、风险可控、注重绩效。执行高校内部资产业务决策程序，按规定的权限审批，合理确定出租方式、出租价格，签订规范的出租出借合同协议，及时更新资产管理系统相关信息。三是建立完善资产定期清理盘点制度，聘请中介机构会同资产使用归口部门至少每年对资产清查盘点一次。实地逐一清点、核对、登记、录入系统，检查实物资产使用状况、实际使用人、存放地点等情况。出现盘盈、盘亏、毁损等特殊情况，要仔细查明原因，中介机构以书面报告形式及时报高校国有资产和实验室管理部门，并按审批权限审查批准后处置。同时按规定进行相应的会计核算调整，做到账账、账物、账卡相符。四是未经严格程序审查批准，不得擅自处置资产。资产处置应遵循公开、公正、公平的原则进行。处置收益及时按"收支两条线"原则，依法缴纳相关税费，及时、足额上缴国库，或纳入学校预算统筹管理。五是高校国有资产经营收益，应纳入高校预算统一管理，确保国有资产收益应收尽收，避免国有资产收益流失。

三　资产业务内控的风险关注

高校在资产业务中应当着力强化对以下关键环节的风险关注：

一是出纳业务内部控制存在管理不善、监管不力或人员职业道德等风险，因货币资金的挪用、贪污、丢失、被盗等，对高校造成资产价值的损失。二是实物资产配置不科学，如闲置率较高，验收不规范；盘点不及时、不准确，使用不当；维护成本过高，出租出借手续不齐全和处置程序不完善等；可能导致资产价值贬损、使用效率低下、资产损坏或浪费。三是无形资产的管理不当，无形资产管理不善导致资产价值得不到有效保障。四是对外投资因市场环境、政策变动等外部因素的不确定性，高校投资主体经营不善，投资过程管理不善，操作失误，汇率变动，利率波动，国内外相关法律法规适用不当等，可能导致投资收益受损、投资本金无法收回、权属纠纷隐患等风险。五是信息失真风险，固定资产或无形资产未按照规定使用年限和方法进行折旧或摊销，资产信息记录不准确、不完整或更新不及时，可能导致财务信息不真实、不完整、不可靠。六是管理体制不健全，高校资产管理的责任部门不明确，管理制度和流程不规范，缺乏专业人才和有效控制措施，导致高校对资产管理的重视程度不高，对资产的有效保护和积极利用存在盲区。

第二节　高校资产业务内控协同方式探析

一　职责配置与授权审批

高等学校国有资产管理实行统一领导、归口集中管理、分级授权负责、责任到使用人的管理体制。高校党委会和校长办公会是高校国有资产管理的审议决策机构。国有资产监督管理委员会是高校国有资产监督管理的议事机构,对国有资产管理中的重大问题进行咨询、监督、协调、指导。根据独立设立设置资产归口管理职能部门或挂靠不同管理单位的管理模式可以将国有资产管理工作挂靠财务、挂靠资产或独立设置国有资产和实验室管理职能部门。各资产具体使用单位、单位主要负责人、资产管理员及实际使用人对本单位、本人占有、使用资产的安全性、完整性和使用效率负责。

高校资产管理的职责配置,是有效落实管理责任的刚性制度约束,通常情况下,高校应当成立国有资产监督管理委员会,作为国有资产监督管理的议事机构,严格执行领导干部经济责任制和岗位责任制,对国有资产管理中的重大问题进行咨询、监督、协调、指导。统一领导协调全校国有资产管理工作,研究学校国有资产重大整合、资产配置、资产置换、资产处置、出租出借、对外投资等重大事项并提出建议,提请学校校长办公会或党委会审议决策。国有资产归口管理职能部门负责统一组织开展资产清查、资产评估、产权登记、资产划拨、清产核资、资产处置等工作;负责拟定学校国有资产管理的规章制度并组织实施;制定学校国有资产的优化配置方案;负责学校国有资产配置、使用、处置等事项的审核,同时,报批学校国有资产监督管理委员会研究审议等工作。高校资产管理中的重要职能是归口管理部门的分类建立,如学校办公室和宣传部门,负责校名、校誉等名称权和名誉权的管理,校标、校牌等无形资产和以校名、校标、校牌等注册商标的管理。财务部门集中负责学校国有资产价值总账和资产财务核算的管理;负责学校货币资金、应收及预付款等流动资产的管理。科技部门负责学校专利权、非专利技术以及与科技成果有关的著作权等的管理。当然,国有资产使用的具体部门和学院(学部)最终通过资产使用人对具体资产进行直接和末端的管理。

二 资产业务活动控制

（一）货币资金管理

加强货币资金的管理与监督，是提高资金运行效率和使用效益的主要目的。货币资金管理包括国库集中支付、银行存款、现金等资金的收支业务。高校货币资金管理包括以下几个方面：岗位设置、职责分工、授权审批、内部稽核、支付流程等。岗位设置严格执行不相容岗位相分离的原则，设置银行出纳、国库集中支付出纳、出纳复核等岗位，确保资金的管理得到最高效率的控制。支付审批环节，支付审批人根据工作职责、权限按照相应程序对支付申请进行审批。属于"三重一大"事项的支出事项，必须经过集体决策，并分级分层次执行审批，以确保资金的安全和使用效益。支付复核环节，复核人应当对货币资金支付申请的用途、权限、金额、程序、附件资料的正确性、完备性进行复核。关于日常库存现金，高校应合理确定日常库存现金备用额度，超过限额标准的现金应及时存入相关银行。严禁现金收款坐收坐支，应及时入账并存入银行。借出款项必须符合现金借款的管理规定，并须办理完备的授权审批手续，严禁擅自挪用、借出货币资金。不属于现金开支范围的业务应当采用转账、汇款等方式结算。

货币资金管理的关键是银行账户的管理，应根据财政关于预算单位银行账户清理整顿要求进行开立、变更或撤销的规定进行报批、备案。高校应指定出纳科专人定期核对银行账户，编制银行存款余额调节表，及时核对银行存款余额与银行对账单，并编制银行存款余额调节表。如调节表明细不符，应及时查明原因并进行账务处。高校各级各类单位取得的货币资金收入必须及时交存学校银行账户，不得私设"小金库"，严禁设立"账外账"。加强货币资金相关的票据管理，高校财务部门应设立岗位、明确岗位职责、制定工作流程、专人负责各种票据的领购、保管、领用、背书转让、购销，及时登记票据各环节使用情况，控制空白票据的遗失和被盗用风险。加强银行预留印鉴的管理，高校应创造各类印章保管的条件，在确保信息系统稳定、安全的前提下，方可实行电子支付。支付专用的银行网银盾、专用密钥及密码必须由本人妥善保管。高等学校货币资金业务活动控制流程如图7-1所示。

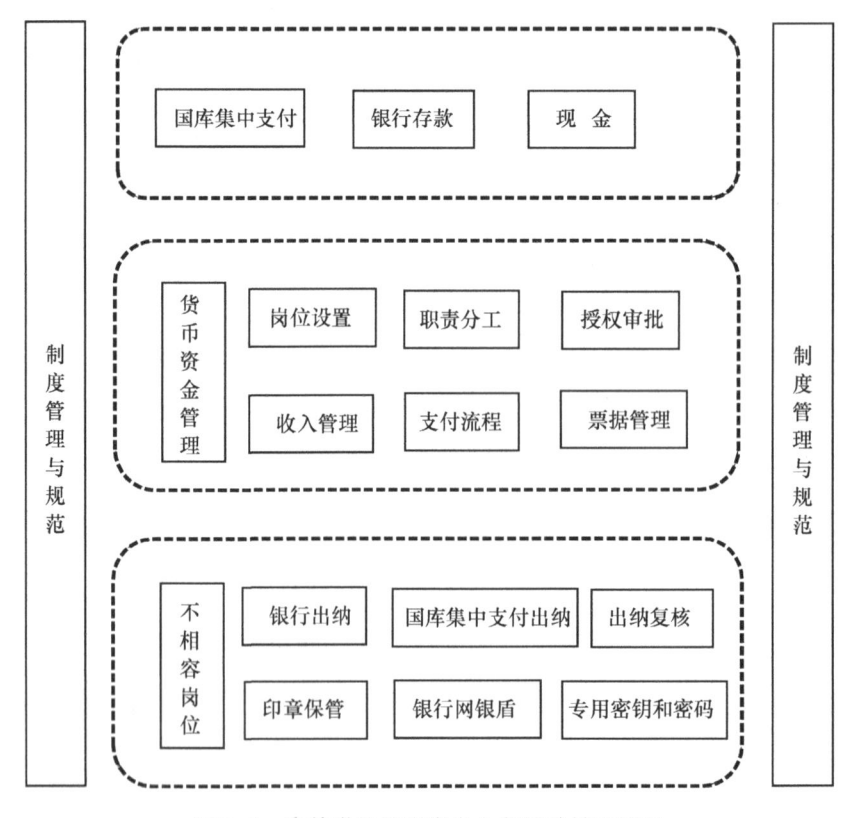

图7-1 高等学校货币资金业务活动控制流程

（二）固定资产管理

固定资产管理业务内部控制包括：资产配置、资产验收、资产使用（资产清查盘点）、资产处置等。在固定资产管理协同机制中，一是应当健全资产配置管理制度。资产配置应当与高校履行职能或事业发展相匹配，结合存量资产控制增量资产，厉行勤俭节约，优先通过调剂方式解决。确实无法调剂的，对租用、购置等方式进行综合分析和可行性论证，将资产配置预算纳入部门预算同步申报、同步批复执行，按照国家和地方规定的资产配置标准进行合理配置和有效利用。二是应加强固定资产购置的预算编制与支出管理。根据学校事业发展规划，资产归口管理职能部门应牵头统计全校需购置资产的品名、规格、数量等信息，组织必要、充分的论证，按规定程序审批将采购需求纳入学校年度预算。贵重仪器及大型设备的购置还应组织专家进行充分论证，严格履行必要的资产购置审批流程手续。三是高校应建立健全资产验收管理制度。组织基本建设、审计、国有资产和实验室管理部门、使用单位等相关部门共同实施完成验收工作。资产验收采取分级负责方式，按"谁验收，谁负责"的原则，最终验收合格方能执行新增资产报增登记和财务报账入账等程序。四是通过资产信息管理系统平台，全方位实现资产信息登记。内容应涵盖资产名称、编号、规格型号、使用状态、维修记录、位置变动、购置成本、折旧情况等，确保资产信息记录准确和可追溯，确保账账、账实、账卡相符。五是健全固定资产维护保养机制。具体包括日常维护保养，制订定期维护计划，有效消除隐藏风险，维修工作应按照规范管理流程执行，确保资产正常运行，提高资产使用效率的同时兼顾节约资产维修保养费用。六是高校应当建立健全固定资产出租出借管理制度。在符合安全规范、节约高效、物尽其用以及学校管理规定的前提下，由高校国有资产和实验室管理部门负责统一管理和执行规范程序，包括审批手续、资产合法性审查、合同签订、产权登记等。凡需报上级主管部门或财政部门备案或审批的，应按规定及时办理备案或审批。七是高校应当建立固定资产定期盘点制度。对资产状况进行真实、完整地反映，保障固定资产的安全、完整，防止资产流失。遵循实地逐一清点、逐一登记，查清固定资产的来源、去向和实际管理使用情况的原则。按照规定的政策、制度、工作程序和方法进行有序、定期或不定期地盘点。实地盘点工作结束，对于使用效率低下、闲置浪费的资产，所属部门应及时汇总，向学校资产归口管理职能部门报告，在校内进行调剂使用。达到报废条件的资产，应及时按相关规定的程序进行报废处置。对盘盈（含账外）的资产经查明原因，做出书面情况说明，达到入账条件的，应依据可靠的评估金额进行会计确认、计量和记录。对于盘亏固定资产，按照高校资产损失损坏赔偿责任及处理办法相关规定进行处理。八是高校应建立健全固定资产处置控制制度。明确固定资产处置范围、标准、程序和审批权限。通过第三方中介机构全面评估，确定待处置资产的公允价值和处置价值，确保处置的公正性和透明性。做好固定资产台账的更新工作，按照政府会计准则制度进行会计核算，处置价款扣除相应税金、费用后，应当及时上缴国库，实行"收支两条线"管理，全程接受相关部门的监督与检查。重点关注关联方交易和处置定价等环节，防止利益输送和资产流失，完善风险控制机制，确保处置过程合法合规。高等学校固定资产业务活动控制流程如图7-2所示。

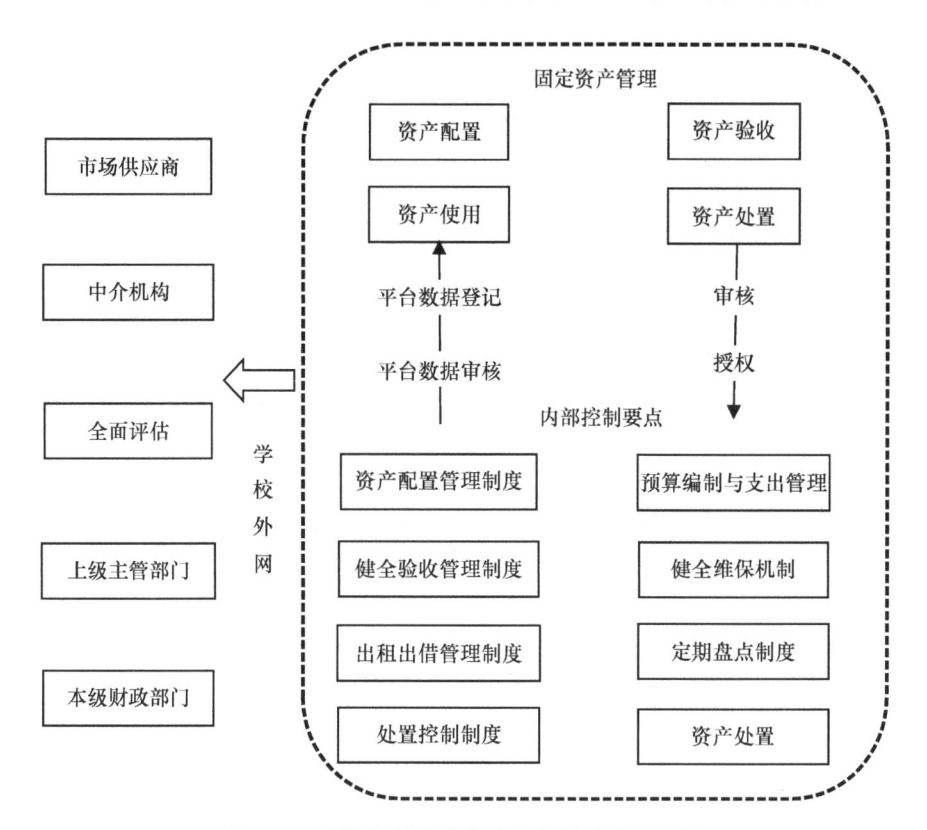

第七章　高等学校资产内控建设的协同架构　155

```
                      ┌─────────────────────────────────┐
                      │         固定资产管理              │
                      │  ┌────────┐      ┌────────┐     │
                      │  │资产配置│      │资产验收│     │
┌──────────┐          │  └────────┘      └────────┘     │
│市场供应商│          │  ┌────────┐      ┌────────┐     │
└──────────┘          │  │资产使用│      │资产处置│     │
                      │  └────▲───┘      └────┬───┘     │
┌──────────┐          │   平台数据登记      审核        │
│中介机构  │          │                                 │
└──────────┘          │   平台数据审核      授权        │
              学     │         内部控制要点       ▼    │
┌──────────┐  校 ⇐  │  ┌──────────────┐ ┌──────────────┐│
│全面评估  │  外     │  │资产配置管理制度│ │预算编制与支出管理││
└──────────┘  网     │  └──────────────┘ └──────────────┘│
                      │  ┌──────────────┐ ┌──────────────┐│
┌──────────┐          │  │健全验收管理制度│ │健全维保机制  ││
│上级主管部门│        │  └──────────────┘ └──────────────┘│
└──────────┘          │  ┌──────────────┐ ┌──────────────┐│
                      │  │出租出借管理制度│ │定期盘点制度  ││
┌──────────┐          │  └──────────────┘ └──────────────┘│
│本级财政部门│        │  ┌──────────────┐ ┌──────────────┐│
└──────────┘          │  │处置控制制度  │ │资产处置      ││
                      │  └──────────────┘ └──────────────┘│
                      └─────────────────────────────────┘
```

图 7-2　高等学校固定资产业务活动控制流程

（三）无形资产管理

高校应规范无形资产管理行为，建立健全规章制度，提高无形资产使用效益，维护学校合法权益，防范资产流失。管理的主要任务是完善无形资产管理体制，明晰产权关系，保障无形资产的安全、完整；加强无形资产的开发和利用，提高无形资产使用效益；规范无形资产处置行为，防止无形资产流失。在无形资产管理协同机制中，一是无形资产取得方式主要包括自行开发、购置、受赠、调拨（划转）等。高校无形资产使用包括无偿使用和有偿使用。校内各学院（学部）、部门或个人使用学校无形资产进行教学、科研、对外交流、科技合作、社会服务等，不产生直接经济效益的各类活动界定为无偿使用。有偿使用是指校内各学院（学部）、部门或个人用于对外投资、合作经营、联合办学、授权许可等直接或间接产生经济效益的各类活动。二是对于以下无形资产均可以申请进行处置。包括不受法律保护的无形资产；已为新的成果所替代，且不具备再使用价值的无形资产；已不再具有被使用可能的无形资产；已获准出让、转让、置换、捐赠以及无偿调拨和拟报损报废的无形资产；终止使用的无形资产等。三是高校应加强对无形资产的监督检查。无形资产是学校国有资产的重要组成部分，各业务归口管理部门和使用部门应当以维护学校的正当权益为目标，认真履行管理职责，加强管理，定期清查。

高校无形资产的管理体制涉及学校各学院（学部）、各部门，为确保无形资产的安全性、完整性和有效利用，需建立有效的管理体系。建立完善这一管理体系应遵循以下几个重要原则：一是统一领导。高校校长办公会和党委会是无形资产管理的审议决策机构，国有资产监督管理委员会是高校国有资产监督管理的议事机构，国有资产和实验室管理处是国有资产归口管理职能部门。各资产使用单位、单位主要负责人、资产管理员及实际使用人对本单位、本人管理、本人使用资产的安全性、完整性和使用效率负责。二是归口管理。高校应设立专门的归口管理职能部门，对无形资产实施统一监管，负责制定管理规章制度、办理产权确认手续、建立台账、组织清查盘点、记录、汇总及监督检查等日常工作。三是分级负责。按照业务分类管理的原则，高校无形资产业务归口管理部门、各使用部门或学院、各实际使用人等按照各自的业务性质进行履职尽责。高校无形资产归口管理部门如：校长办公室负责校名、校誉等名称权和名誉权的管理；党委宣传部负责学校校名、校标、校牌和以校名、校标、校牌等注册商标的管理；财务处负责学校无形资产价值总账和会计核算处理的管理，负责货币资金、应收及预付款等流动资产的管理。高校资产使用部门或学院，作为资产的直接责任部门，应加强无形资产管理的宣传教育工作，树立"谁使用，谁负责管理"的全员管理思想，落实无形资产管理的各项规定，建立健全本单位的管理责任制，确保无形资产安全性、完整性。同时，负责日常本单位的无形资产购置、受赠、验收、盘点、处置等工作。具体的资产使用人，应对无形资产合理使用、准确管理，充分发挥其效率和效能负责。同时，应协助单位资产管理员做好无形资产盘点、清查等工作。若资产使用人在本单位内发生变动的，应当及时在资产管理系统提交变更事项申请，接收人同意接受，资产管理员审核确认，办理无形资产交接手续。

高校还应加强无形资产管理制度的建立与完善，明晰产权关系，保障无形资产的安全和完整。充分开发利用无形资产价值，促进成果转化，发挥无形资产使用的经济效益、社会效益和生态效益。此外，高校应当对外购、自行研发方式取得的无形资产权属关系加强权益保护，防范侵权等法律风险。专利、专有技术等无形资产及校名、校誉的使用情况应定期进行清查和规范，切实维护和提升高校的社会认可度。高等学校无形资产业务活动控制的具体流程如图7-3所示。

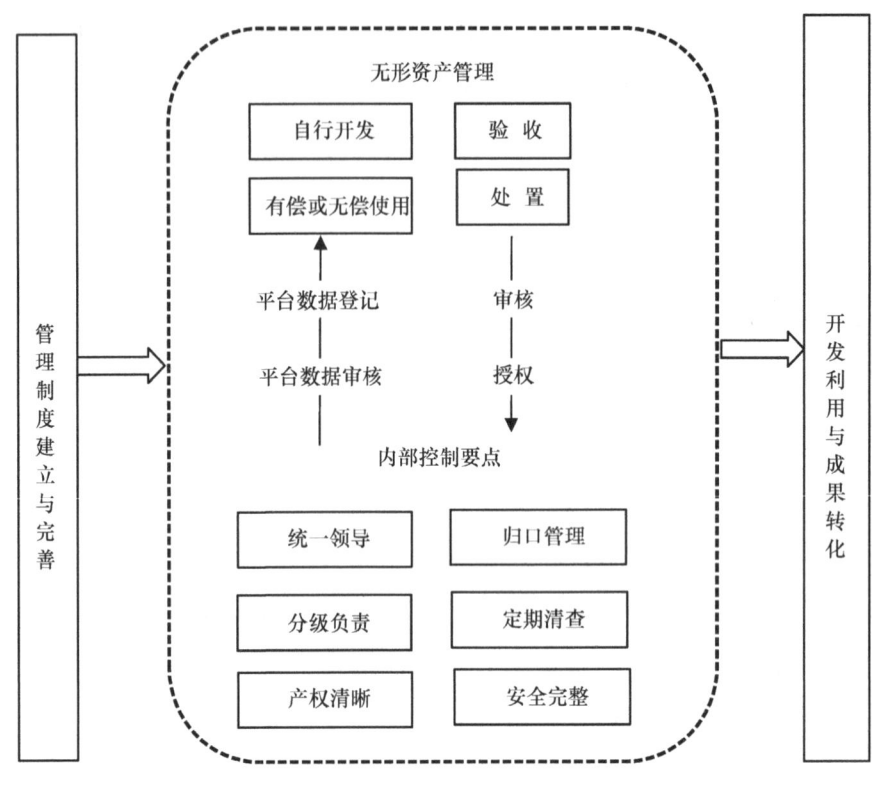

```
                    无形资产管理
        ┌──────────┐   ┌──────┐
        │ 自行开发 │   │ 验收 │
        └──────────┘   └──────┘
        ┌──────────────┐ ┌──────┐
        │ 有偿或无偿使用│ │ 处置 │
        └──────────────┘ └──────┘
          平台数据登记      审核
          平台数据审核      授权
                 内部控制要点
        ┌──────────┐   ┌──────────┐
        │ 统一领导 │   │ 归口管理 │
        └──────────┘   └──────────┘
        ┌──────────┐   ┌──────────┐
        │ 分级负责 │   │ 定期清查 │
        └──────────┘   └──────────┘
        ┌──────────┐   ┌──────────┐
        │ 产权清晰 │   │ 安全完整 │
        └──────────┘   └──────────┘
```

管理制度建立与完善 → [无形资产管理] → 开发利用与成果转化

图7-3　高等学校无形资产业务活动控制流程

（四）对外投资管理

随着高等学校管理体系的健全和全面从严治党的纵深推进，高等学校对外投资功能逐步弱化，高校公益属性得到进一步彰显，但由于高等教育办学经费的多渠道筹措机制，以及高校产学研一体化的推进，高等学校对外投资依然是资产管理中的重要内容。对外投资内部控制的协同机制中，一是高等学校应当加强对外投资立项与决策环节的控制。审慎选择对外投资项目，明确投资方向和学校战略目标方向一致。组织相关专家人员对投资决策项目进行分析与论证，对投资项目的可行性、投资风险、回报率进行财务分析及评估，实行集体决策并严格形成书面纪要。二是在对外投资的履约和执行过程中需加强控制，包括合同的签订与履行，制定对外投资实施方案，项目进展监测与评估，风险防范与控制等内容。后续管理中对外投资实施方案变更，应当经高校校长办公会和党委会审议决策机构审查批准。按规定应当报上级教育主管部门审批或备案的，应当履行相应程序。加强对外投资项目的追踪管理，合理制定监控机制。同时，应严格按照政府会计准则制度，对投资资本及收益变

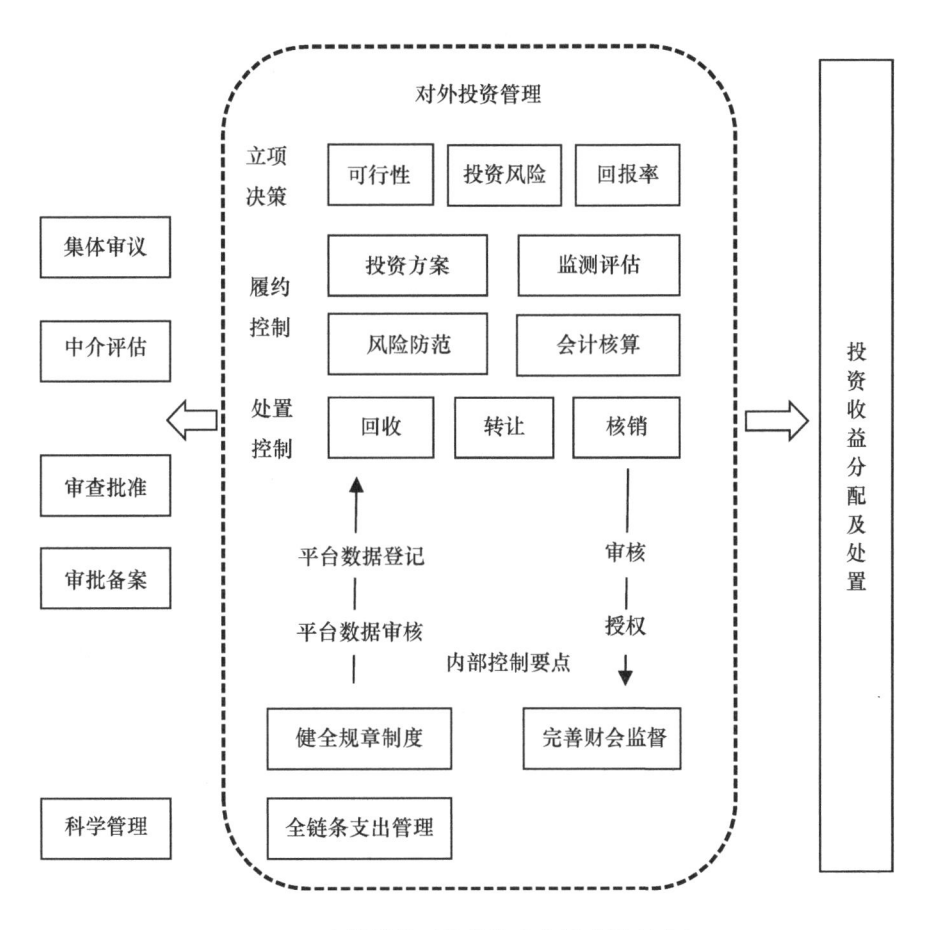

图7-4 高等学校对外投资业务活动控制流程

动进行确认、计量、记录，会计核算如实反映所获取的损益以及其他综合收益，确保会计信息质量。三是高校应当加强对外投资处置控制。对外投资的收回、转让与核销等处置应经集体审议批准并按规定权限报批报备，委托第三方中介机构进行投资资本及投资收益的评估，取得合法的法律文书和证明文件等相关依据，根据评估结果和规定程序进行合理处置，处置收入应上缴财政的，应当及时上缴国库。对外投资按规定应当报上级教育主管部门审批或备案的，应当履行相应程序。收回的对外投资资产，要及时足额收款入账确认。高等学校对外投资业务活动控制的具体流程如图7-4所示。

第三节　高校资产业务内控协同运行优化

一　以效率、共享引领资产配置模式重构

高等学校各资产使用单位国有资产配置应当与履行职能或事业发展需要相匹配，结合存量控制增量，厉行节约，讲求绩效和绿色环保。应当优先通过调剂方式配置资产，确实无法调剂的，可以采用购置、建设、租用等方式配置资产。高校资产配置模式与预算制度、核算体系和资产采购模式相关联，基于目前高校资产配置模式存在资产配置多头管理、重复购置、资产闲置、资产权属不清等现状。要使得资产配置符合"产权明晰、权责明确、配置合理"的要求，需要对配置模式进行重构。首先，从预算及配置需求管理角度建立协同审批制度，打破校内二级部门和学院（学部）形成在资产配置上各自为政的格局，建立资产配置的统筹核定机制。即便是在

经费来源充足和开展论证的情况下,或是为推进经费预算执行进度而存在的现实需求,均不能够成为资产重复购置的"绿色通道"。要在最大程度上通过协同核定和审批手段避免资源浪费。其次,在高校一些大型仪器设备资产的购置上,要统筹联系周边高校和校内其他相近学科专业,使开放共享、协同发展在购置阶段就打下坚实的基础,避免资产使用效率低下,甚至存在长期闲置未使用的情况。最后,从资产性质上要使非经营性固定资产与经营性固定资产并存的现象加以重构,注重两类资产的资源的整合。此外,二级单位和部门申请购置通用性资产,达到核定标准上限的审核环节应予以规范,对于超标准配置一律杜绝新增的采购计划。

二 以协作、闭环推动资产规范流程再造

将内控理念融入资产管理的全过程,以协作的方式规范流程,以闭环的形成检验流程,从资产采购、验收、使用、维修维护、调剂、处置全过程梳理资产管理业务流程,是优化资产管理的必要举措。资产管理流程再造,首先是全过程管理流程设计。流程从范围的维度看,既包括总流程,也包括子流程。总流程从总体上对整体资产管理进行全面覆盖,子流程针对每项业务的具体环节制定。根据流程的节点形成单向通行路径,并且形成业务通路。所有流程可以明晰地通过流程图得到翔实展现。其次,在流程中对应设置责任部门和责任人的职责,并且针对流程中的每项业务均制定业务标准和审批审核管理权限,把审批权责嵌入到流程中,使工作流程再造具有立体性。最后,在子流程的业务节点,在流程设计中开展表单化管理,对不同的业务节点利用表单,形成具有完整要素的标识,

使表单成为流程传递的重要依据，促进表单融入资产管理流程的全生命周期。此外，需要严格落实国有资产清查盘点流程，以物查账、以物对账、账实相符，形成资产管理数字治理的"数字驾驶舱"，借助"数字驾驶舱"，实现人、房、物的数据整合和智慧分析，提高管理监督的精准性，消除国有资产监管"薄弱点"，有力推动国有资产管理规范化，严防国有资产流失。

三 以信息、集成实现资产管理数字赋能

以信息、集成的方式运用数字化、智能化手段，促进财务管理和资产管理一体化系统对接，实时监测、排查、更新，持续推动同口径指标数据有效衔接，让数字化为资产管理赋能成为高校资产管理协同治理的重要变革。数字赋能资产管理通过利用信息技术和集成手段，可以有效提升资产管理的效率。一是建立多维度的国有资产信息数据采集系统，将目前分散在各部门、各学院（学部）的国有资产管理信息及子系统进行有效整合与共享，打通数据壁垒，实现数据互联互通，实现国有资产信息多元采集、互通共享、多方利用，充分发挥信息化管理效益。二是在信息系统中实现对各项资产使用、闲置、出租、出借等情况的实时呈现、全流程管理。实现动态化、可视化、数据化，极大强化资产资源管理和统筹力度，有效杜绝国有资产不规范占有、使用、出借等问题，堵塞管理漏洞。三是通过数字化平台，可以实现资产的安全分级管理和权限管理。确保资产的安全和合规性，同时优化管理流程，降低管理成本。四是对于资产管理中的职责不明、常规盘点耗时耗力、资产流动缺乏监管等问题，数字化手段通过线上资产查询和盘点，可以实现责权明

确、高效便捷的管理。以信息、集成推动数字化转型，赋能资产管理，可以推动资产管理向智能化和数据化转变，实现对资产使用情况的分析和评估，有效提升资产管理的科学化、信息化水平，解决传统资产管理中的诸多问题，实现资产的高效、安全、规范管理。

第八章

高等学校建设项目内控建设的协同架构

高等学校基本建设狭义上是学校硬件设施的完善，广义上是学校办学条件改善和事业发展的基础性工程项目。通过科学规划、合理布局，高校基本建设能够为教育教学、人才培养、科学研究等功能的发挥和学生的健康成长提供有力支撑。通过基本建设，可以新增或改善教学用房、文体活动场所、学生住宿条件等，从而提升师生的学习、工作和生活环境，增强学校的吸引力和竞争力。通过校园规划和建设，可以合理布局教学、科研、生活、体育运动等功能区，避免设施的相互分离，创造一个和谐、美观、功能完善的校园环境。基本建设不仅仅是物质的改善，更是文化内涵的提升。通过建筑风格的设计和选择，可以体现学校的办学理念和文化特色，增强学校的文化氛围和品牌影响力。同时，高校基本建设管理还应当强化服务支撑国家区域发展战略的能力，通过科学规划、合理布局，多渠道筹措建设资金，完善制度建设，加强监督管理，不断提升学校服务社会的能力。通过强化基建内部控制制度的建设和管理，是规范基建行为，提高项目管理效率，防止腐败现象发生，确保基建工作的透明度和公正性的有效举措。从财务管理的视角审视，基建工程项目主要集中在概算预算、造价、进度支付、竣工决算及固定资产入账等方面，各个高校基建财务在基建管理中的参与度不尽相同，目前管理中距离全过程管理的要求有一定的差距，特别是政府会计制度的实施，充实了资产负债核算内容，着力提高单位会计信息质量，要求基建会计定期并入单位"大账"。高校基建财务与日常财务合二为一，在实施全面预算管理和绩效管理的新形势下，对高校基建财务管理提出了全新的更高的要求。

第一节　高校建设项目业务内控建设综述

一　建设项目业务内控概念及范围

建设项目特指高等学校的基本建设工程项目，指高等学校为了满足学校教学、科研、行政管理、学生生活等需要，自主管理、引进建设单位开展的建筑物及构筑物新建、改扩建工程业务，简称为"建设项目"。高校的建设项目是学校开展教育事业活动的基本条件和物质保证，其内部控制包括：校园规划、建设项目决策、前期准备、工程项目招标、工程项目施工、工程项目变更、项目竣工验收、竣工财务决算等。即自行或者委托其他单位所进行的建造、安装工程。财务协同管理的角度是指财务业务所负责项目工程施工造价全过程控制与项目结算审计；参与校园规划、建设项目工程决策、前期准备、工程项目招标（设计、监理、咨询、施工等）、工程项目设计变更、项目竣工验收、竣工财务决算等。

二 建设项目业务内控的目标定位

高校基本建设控制目标主要包括提高决策的科学性、确保工程质量、促进廉政建设、科学制定校园建设规划、统筹管理学校基本建设、努力提高基建投资效益、建立健全基本建设财务制度。因此，高校基本建设管理涉及多个方面，从财务管理角度，旨在确保资金的有效使用和项目的顺利进行。具体来说，高校在基本建设控制中，一是提高决策的科学性。包括充分论证项目需求、集体决策、规划先行、节约办学、民主决策等，以确保项目符合高校的发展战略和资源条件。二是确保工程质量。通过科学制定反映基建实体质量的结构和性能的预期标准，保证建设项目的质量和安全。三是提高投资效益。通过科学制定校园建设规划、建立健全基建财务制度等，优化资源配置，提高资金使用效率。四是促进廉政建设。通过加强领导、科学制定校园建设规划、建立项目建设责任制等，防止腐败和不当行为的发生。具体内部控制目标体现在：一是项目可行性研究报告经过评审。二是建设项目立项须经校长办公会（或党委会）集体审议决策。三是建设项目前期准备须符合相应法律法规和程序要求。四是建设项目质量、安全、投资、进度控制制度与执行须有效。五是建设项目竣工验收符合相应的法律法规和程序。六是对建设项目造价监理全过程进行及时有效的控制，组织材料询价与定价，及时完成结算审计。

三 建设项目业务内控的风险关注

高校建设项目内部控制应当着力强化对以下关键方面或者关键环节的风险控制：一是校园整体建设规划、单体修建性详规等规划设计的招投标及设计的执行工作不力，可行性报告和研究与使用需求脱节，工程项目设计与预期目标偏离，预期效益难以达成。二是工程项目的设计存在缺陷，技术设计失误导致工程质量问题和预算超支。三是工程项目由于招标采购程序不当，投标人资质及业绩造假或围标、串标等导致廉洁风险和项目实施风险。四是项目资金筹措不到位，不按进度提前和延后支付，资金管理不规范等问题。五是工程项目施工履约不到位，施工及现场管理层层转包、监理流程不规范。六是工程项目的竣工验收不到位，验收规范执行不严格，工程安全与质量存在较大隐患。七是工程项目竣工决算资料不全，决算手续拖延，决算过程不完整导致整体决算工作失真。八是竣工项目审计不及时，办理资产暂估入账和固定资产入账不及时，产权登记缺失。九是项目建设质保和维修约定合同条款不规范，事项不明确导致维修维护责任不清，质保和维修工作得不到保障。

第二节 高校建设项目业务内控协同方式探析

一 职责配置与授权审批

深化基建财务管理工作改革，建立完善的基建财务管理框架体系，促进财务管理职能的充分发挥，落实基建财务管理目标是高校基建财务管理迫在眉睫的工作。工程项目的管理具有较强的专业性，作为项目建设单位，其内部管理职责和权限涉及单位众多，在管理内容上，修缮可以归并至基建管理部门一并协同管理，并且制定不相容岗位的管理职责。建设项目归口管理部门应建立并完善建设项目管理的内部控制制度，各相关业务部门应认真配合归口管理部门做好建设项目的需求管理、验收管理、跟踪审计、资金管理等工作。基建管理部门是建设项目归口管理的重要职能承担者，基建部门应在内部控制管理制度中明确与建设项目活动相关的关键岗位和工作职责，主要包括项目立项、招标、造价、建设、工程管理、合同管理、验收等环节的工作流程。工作职责主要是负责宣传、贯彻国家基本建设的方针政策和相关法律法规；参与学校基建工作规划、制度建设；依照政策、法规和规章，负责组织或指导学校各单位办理各类建设项目的项目建议书与可行性研究报告报批；负责工程建设项目施工图设计、招标控制价和工程量清单编制、委托和送审工作；负责咨询、勘察、设计、监理、施工、材料设备等合同的签订和执行；统筹负责学校新建、扩建、改建、复建、迁建和大中型修缮改造项目的管理工作和具体组织实施；严控质量安全、造价和工期，完成工程验收，督促工程结算编报、组织工程竣工验收。

其他职能部门的协同体现在：发展规划部门应当落实上级主管部门和学校对基建、改造项目的决策部署相关工作，组织落实各项指标要求，同时，参与校园建设规划和建设项目年度计划相关工作；招标管理部门负责项目建设规划、所需服务、施工、货物采购等招标工作；网络管理部门负责工程建设项目网络工程设计、施工、竣工验收和管理工作；负责协调解决工程建设项目施工过程中网络建设的相关问题；后勤管理部门负责协调解决工程建设项目施工过程中水、电、气、绿化等基础设施的拆迁及手续办理等工作；负责审定建设项目年度投资计划。

财务部门依法依规开展建设项目财务管理工作，负责对建设项目活动的财务控制、投资控制和监督，对建设项目资金进行核算管理，实施财会监督；参与校园建设规划和建设项目年度投资计划、建设项目立项申请、项目概预算编制等工作；负责建设项目资金的筹集和管理，编制建设项目年度预算，安排建设项目年度资金；负责建设项目各类款项支付的审核和手续办理；配合完成工程建设项目资产入账管理工作；负责建设项目资金的会计核算管理，编制财务报表和竣工决算报告；配合完成工程项目审计、财务审计等工作。

资产管理部门依法依规开展建设项目招标工作和相关资产管理工作，参与校园建设规划和建设项目年度计划编制，根据学校建设发展需要，提出建设项目建设计划、建议；负责校园建设规划、工程建设所需服务、施工、货物采购等招标工作；负责组织合同谈判、监督合同履行；负责建设项目管理资产处置工作；参与建设项目竣工验收和资产报增，配合财务处完成资产入账工作；负责学校和部门的项目接收工作、使用管理移交工作。

保卫部门依法依规进行消防、安防设施等建设项目相关管理工作，参与校园建设规划和建设项目年度计划编制，负责明确校园消防与安全防范监控建设相关要求；负责消防、安全防范工程接收、运行、维护、保养等管理工作；负责消防、安全防范工程改造项目实施管理工作；参与建设项目设计、施工、竣工验收相关工作，负责协调解决建设项目施工过程中交通、治安、消防等相关问题。

审计部门依法依规开展建设项目相关审计工作。负责对项目招标、合同签订、工程设备采购、资金支付等进行审计监督和造价审核；负责建设项目审计机构的委派、监督、指导、考核等工作；负责建设项目造价审核、工程结算审核；负责委托有资质的中介机构进行项目竣工财务决算审计；负责对建设项目组织全覆盖、全过程审计管理工作。

在建设项目的决策、审批机制建设方面，要形成决策与执行、使用与监督职责的相互分离，并形成相互制约的监管机制。学校建设项目属重大决策事项，包括大额资金的筹集与使用、大额款项的支付、大型项目大宗物资（材料设备）采购和重大变更等，一般经由学校校长办公会或党委会集体研究。学校应建立健全专家论证、技术咨询、可行性研究、集体决策等一系列的议事决策机制。学校建设项目的决策机构是学校党委会或校长办公会，其职责是：定期或不定期听取基建等职能管理部门、审计等监督部门的工作情况汇报，包括审议项目建议书、可行性研究报告、基建规划、投资计划、设计方案、重大变更调整、工程结算编审、财务竣工决算编审、基建规章制度执行等事项。基建处、资产和实验室管理办公室、财务处等职能部门是建设项目的执行机构，负责建设项目的前期工作、勘察设计与施工管理、招投标与合同管理、资金筹集与支付、资产建账与交付、财务竣工决算编报与相关信息处理等业务；纪检监察处、审计处等部门是学校建设项目的监督部门，行使建设项目工作全过程监督、审计职责。

二 建设项目业务活动控制

（一）项目立项

项目规划和立项对于基建成本起到了决定性的影响，规划决策的失误是整个基建项目风险最大的因素，如学校校园总体规划，基建项目规划未获批，立项缺乏可行性研究或者流于形式。工程项目仓促上线可能会导致工程项目频繁变更，难以实现预期目标甚至失败，造成建设资金的极大浪费。校园建设规划要具有科学性和前瞻性，校园规划和单体建筑设计要体现勤俭办学的绿色发展理念，正确处理好近期建设与远期发展的关系，新建资产与存量资产的关系。校园规划和项目规划要与学校中长期财务规划和年度财务预算相匹配，充分考虑财力支撑和资源分配。在设计阶段，如果设计方案不合理，技术方案不能有效落实，施工图不够准确完整，概预算超过实际可能会导致工程项目质量存在隐患。要着力避免校内建设项目使用单位参与设计不够，需求表达不充分，导致项目交付后不能满足实际使用要求，额外发生大量装修改造支出。学校应做好建设项目的决策管理，建设项目决策阶段是决定建设投资、工程造价的基础阶段。在做投资决策之前，必须根据项目建议书做好可行性研究，在可行性研究的基础上形成可行性研究报告，确保决策科学化，减少决策失误。在项目立项之前，要有充分的调研报告、可行性研究报告、立项报告，项目需通过项目决策者和政府有关部门的审批。在项目实施前选择具有资质的专业机构，开展可研论证，形成可行性研究报告报上级主管部门审批。学校应当在获得立项批复后才能实施建设项目工程。

(二)设计与概预算

无论是总体规划还是修建性详规,高校在项目建设中均要把所有的基建项目纳入预算,进行年度预算细化。项目概算是建设单位对工程资金需求的初步预算,而项目预算是在概算的基础之上,依照建设资金需求制订的经费使用计划,概算应当是批复同意后处于前期规划阶段,可以修订或调整的建设控制标准,预算则更侧重于明细的资金开支计划。分解项目各年度预算和财政性资金预算需求,涉及政府采购的,还应当按规定编制政府采购预算。预算编制方面,学校基本建设部门和财务部门应加强预算编制工作的沟通协作,财务部门应根据基建部门提出的预算建议数和以前年度项目各类资金结余、结转情况,结合学校年度收入情况确认项目投资的资金来源,编制学校年度基建投资计划和基建投资调整计划。预算执行方面,因国家政策调整基建投资计划,按总投资额度规模严格参照学校有关规定执行,履行相应决策程序,进行项目概算调整时,涉及需要报送上级教育主管部门审批或备案的,则应当按规定程序报批后调整项目资金预算。预算控制方面,项目估算要合理、概算要科学。基建部门要组织好项目建设方案的优化,促进合理估算。根据批准的方案,择优选择设计单位开展初步设计、提供概算。初步设计由建设单位按照相关程序委托有资质的设计单位按照设计任务书要求和所提供的详细基础资料进行设计。按照批复的项目初步设计与概算,及时绘制施工图。组织施工图会审,防止设计失误造成损失,也要避免设计遗漏造成投资失误。明确列示在设计合同中因重大设计错误、明显设计遗漏而进行经济处罚的条款,促进设计人员强化经济意识,优化设计方案,使建设项目投资能够严格控制在概算之内。同时积极推行限额设计，严格控制工程变更，无论是设计变更或是现场签证，都应按程序严控，促使工程结算不超过施工图预算，从而严格控制财务竣工决算超投资预算、预算超概算、概算超计划（估算）的"三超"现象。

（三）项目采购管理

在建设项目的招投标管理中，学校应当根据招投标法律法规，组织或委托有资质的招标代理机构实施项目勘察、设计、监理、施工、设备和材料供应、造价咨询、检测、测绘、审计等招标工作。招标管理部门根据招标投标法律法规、可研批复确定的招标方式及学校有关规定，组织或委托有资质的招标代理机构实施项目勘察、设计、监理、施工、设备和材料供应、工程咨询及社会审计等招标工作。凡达到公开招标条件的施工、服务、货物采购必须严格履行公开招标程序。在实践工作中，一是高校作为建设单位，要完整提供招标工作相关技术资料，包括设计任务书、施工图、招标控制价等，招标控制价应当经过学校内部审计部门审定。招标文件由招标部门、审计部门、建设单位、招标代理公司等共同审定。二是工程建设项目施工招标原则上实行清单报价，施工招标工程量清单计价文件由建设单位按相关程序委托有资质单位编制并经审计部门审核确定。工程建设项目招标评标工作由招标管理部门组织、协调，参与管理的各职能部门根据需要予以配合。三是高度关注合同谈判工作。高校应当由招标管理部门组织，使用部门或建设单位、法律事务部门、审计部门参与合同谈判，通过法务办审核的合同由建设单位负责签订并组织实施。书面合同必须明确双方的权利、义务和违约责任。四是合同签订后必须严格执行合同约定，严格合同条款变更审批程序。必须严格执行和落实学校权利和义务的相关规定。项目的招采制度应当明确工作流程，建立顺畅的校内多部门沟通协调机制，做到全过程无死角。财务内控从协同的角度出发进行全阶段、全方位、全过程的参与和监督管理。

（四）项目施工变更与资金支付

在加强基建工程变更及签证管理方面，为了加强基建工程的施工管理和投资控制，应当对工程施工过程中的工程变更及签证进行规范管理与有效监督。制定有关基建工程变更及签证的管理办法，工程变更工程签证必须坚持严格审批，规范程序的原则。坚持有利于工程项目在功能、质量、投资方面实施优化的原则，应制度化明确工程变更的审批权限和实施要求。必要的变更事项要经过专家论证，提交议事决策机构进行决策。工程签证的适用条件与内容，审批权限与实施要求也应严格明确。工程变更工程签证的材料既是工程结算的依据，也是审计监督的重点内容。对于工程进度款需严格按合同约定条款支付，财务人员应严格执行基建财务管理规定。

财务部门应对合同约定的条款，认真审核支付事项是否满足合同约定的支付节点、支付金额、支付时限、支付方式，核对审核相关文件和材料，手续完备方可付款。为防范风险，预付款支付前监理、审计、甲方代表需对施工单位提供的工程款支付相关资料、数据进行复核；实行建设监理制度和全过程跟踪审计制度，按照合同条款，相关人员在职责范围内进行审核并签署支付意见，保证学校建设资金的安全。关于质量保证金的管理，高校应切实发挥质量保证金的保障约束作用，工程质量保证金的支付需在保修期，且经使用部门、物业管理部门、基本建设管理等部门遵照施工验收规范进行保修项目验收，确认无质量问题，在无异议的前提下，并履行学校有关制度规定的程序后方可办理退款，尽量降低因质量问题造成后续学校维修损失。

（五）项目验收管理与绩效评价

高校基建项目竣工大致分为三个阶段进行。一是初步验收阶段。由监理单位组织，在工程建设项目竣工后开展，学校项目使用单位和相关职能部门参与验收工作。二是专项验收阶段。由基建工程建设单位协调属地行政主管部门组织开展，具体包括规划、节能、环保、人防、消防、防雷、特种设备等项目，学校相关部门根据实际工作需要参与验收工作。三是竣工验收阶段。竣工验收首要原则是严格按照《房屋建筑和市政基础设施工程竣工验收规定》开展工作；同时，竣工验收应符合《房屋建筑和市政基础设施工程竣工验收规定》要求。竣工验收工作具体由建设单位组织，会同建设主管部门、勘察、设计、检测、监理、资产管理部门、后勤保障服务管理部门、网络信息管理部门、安全保卫部门、财务部门等及项目使用单位共同验收。

当前高校在基建项目预算管理过程中存在着重预算，轻绩效，项目超概算等问题，加强高校基建项目预算绩效评价显得越发重要。在高校基建项目中实施全面预算绩效管理，要进一步创新基本建设项目管理新模式，坚持以目标为导向。以项目资金使用和支付为切入点，强化高校基本建设项目全过程绩效覆盖。避免造成资金使用效益不高或挪用闲置等现象。在基建投资计划高效方面应加强计划管理，及时跟踪经费使用的效率和效益。严格控制基建投资计划，根据造价管理规定，做好工程造价控制和管理工作，明确投资重点，减少不必要的设计和施工变更。规范施工秩序，严格按计划实施建设项目，控制建设成本。

建立健全项目管理绩效评价机制，绩效评价机制包括绩效目标设定，组织实施，绩效评价的方法选择和绩效评价指标体系建设等内容。高校可采取自我运行监控评价方式或委托评价方式开展基建项目绩效评价。绩效评价指标体系建设全覆盖产出、效益、满意度、可持续发展四个维度。在设置指标时应结合学校管理需求实际，

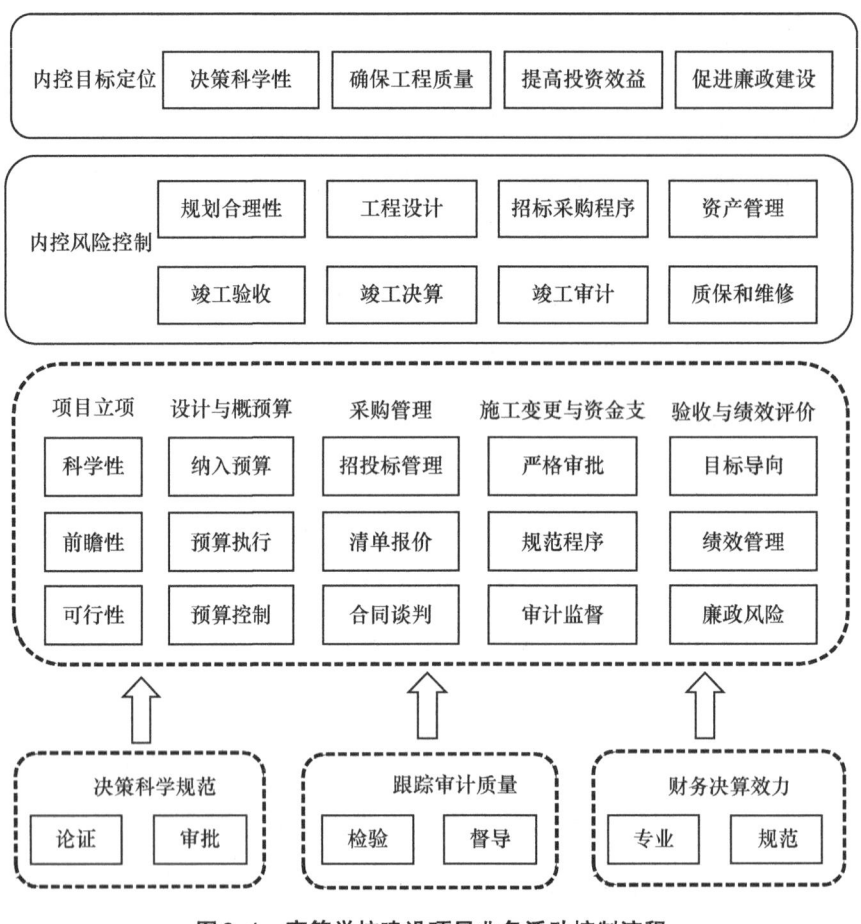

内控目标定位	决策科学性	确保工程质量	提高投资效益	促进廉政建设

内控风险控制	规划合理性	工程设计	招标采购程序	资产管理
	竣工验收	竣工决算	竣工审计	质保和维修

项目立项	设计与概预算	采购管理	施工变更与资金支	验收与绩效评价
科学性	纳入预算	招投标管理	严格审批	目标导向
前瞻性	预算执行	清单报价	规范程序	绩效管理
可行性	预算控制	合同谈判	审计监督	廉政风险

决策科学规范		跟踪审计质量		财务决算效力	
论证	审批	检验	督导	专业	规范

图8-1 高等学校建设项目业务活动控制流程

选取注重可行性，科学性，重视指标和标准的动态调整和持续优化。在做好基建项目绩效评价的基础上，关键要将评价结果予以运用，真正起到激励约束作用。实际工作中要实行问题清单制度，建立整改工作台账，及时反馈评价结果，督促结果反馈，定期核查整改结果，落实整改部门、整改责任人、整改任务、整改期限，将绩效评价结果运用工作做细、做实。要建立绩效问责机制，对于严重失职或舞弊行为要严肃处理，加大惩治力度。除此之外，高校应强化党风廉政建设等其他方面监督与评价，把廉政风险的防范工作融入建设项目的日常管理中。高等学校建设项目业务活动控制的具体流程如图8-1所示。

第三节　高校建设项目业务内控协同运行优化

一　以论证、审批提升项目决策科学规范

高校提升基建项目决策科学、规范的关键在于建立和完善论证、审批机制，确保决策的科学性、规范性和有效性。一是高校应当着力根据校园发展规划结合学校事业发展需要和财力情况编制基本建设校园规划。正确处理近期建设和远期发展的关系，新建校区和既有校区的关系，新建资产和存量资产三种关系，构建资源节约型，环境友好型校园。二是在基建项目的决策中，高校应严格工程投资控制与概预算管理。严肃基建投资计划，确保基建规划和项目工程按计划执行。高校应在基建管理的各环节筑牢预算管理理念，实施项目预算控制和基建年度预算控制，不得随意扩大建筑规模、

增加建筑面积、提高建筑标准。基建资金支出应控制在计划额度内。经批准的项目概算是项目投资的最高限额，不得随意突破。三是在建立健全内部控制机制方面，基建财务管理应建立基建校园规划，包括项目论证、勘察设计、预算编制、招标采购、合同签订、施工监理、成本核算、工程款支付、竣工验收、资产管理等各环节内部控制机制。四是通过内部控制体系建设，明确建立决策领导和执行部门的职责和分工。在决策的组织架构上，明确领导责任、决策议事机构职责、归口管理部门和岗位责任等几个方面。建立根据事权大小划分权责的责任体系，学校主要领导对项目建设负总责，分管校领导对相关工作负领导责任，归口管理部门负责人对分管工作负直接责任，同时，在议事决策方面，高校基本建设决策应当严格执行"三重一大"制度，遵守基本建设程序。

二 以检验、督导压实动态跟踪审计质量

高校基本建设财务管理工作有着周期长、规模大、环节多、内容广、风险大等特点。实践中也存在着"三超"现象，即概算超估算、预算超概算、决算超预算等，导致工程款拖欠，内控机制不健全，内控落实不到位，信息流通不畅通，基建财务管理职能发挥不充分等。在很多高校普遍存在预算超支，投资失控，工期延误等问题，如果跟踪审计不及时，有可能造成工程项目资金管理混乱，影响工程进度和质量。因此，鉴于基建项目固有的复杂性，通常需要建立跟踪审计机制，通过全过程跟踪审计的实施，可有效把监督和责任压实。通过专项核查、跟踪督导等方式，推动形成监督和推进合力，提升审计质量。基建财务管理人员除加强自身财务专业知

识学习以外，必须进行基建工程建设相关专业知识的培训，如招投标、合同管理、工程造价管理等。了解掌握基本建设常识，需要深入基建一线，掌握施工具体情况，了解项目施工进度和工程质量，减少工作失误，及时发现问题。切实充分发挥财务管理和监督作用。

三 以专业、规范强化竣工财务决算效力

基建项目竣工财务决算是基本建设项目竣工验收后，学校在基本建设会计核算基础上编制的反映竣工项目建设成果的总结性文件，是高校核定固定资产价值以及办理形成产权的重要依据。基建项目竣工财务决算是一项系统性、综合性、专业性和技术性很强的工作，是对基建项目投资状况、预算执行情况、项目管理情况和项目绩效情况的一种总结。对建设项目进行整体客观评价。基建项目竣工财务决算主要包括四个阶段，一是前期准备阶段。收集、整理、分析、对照、核实工程造价等变化情况。二是实施阶段。对待摊费用、建筑安装工程及其他投资等费用的分类核定进行严格的审核，并依照规定比例测算分摊待摊费用，确认固定资产价值，及时入账核算。三是完成阶段。编制财务竣工决算报表、编写财务竣工决算分析说明、完成财务竣工决算报告。四是归档保管阶段。梳理、装订财务竣工相关图纸、表单、报告等资料，按档案管理要求整理、移交、存档。如果以上工作要求得不到落实，对项目形成遗留问题，徒增管理成本的现象将会产生。现实中许多已竣工交付项目后续无关经费仍在项目中列支，造成虚增项目成本。财务管理部门负责财务决算报告编制，相关部门须予以配合，未经结算审核的工程建设项目，不得进行财务决算。对于已交付使用但尚未按时办理竣工财

务决算手续的基本建设项目，需先按估计价值入账，待项目实际完成竣工财务决算后，再按照实际成本调整原来的暂估价值计入固定资产。基本建设项目竣工决算后，基本建设部门应及时组织相关部门验收办理交付使用资产手续，提高竣工财务决算效力。

第九章

高等学校合同内控建设的协同架构

高校作为高等教育机构，随着社会经济的发展，不仅承担着人才培养、科学研究和文化传承等任务，也在一定程度上参与社会经济活动，因此，规范高校合同管理，防范法律风险，既是保障学校合法权益的需要，也是规范内部控制的必然要求。高校合同管理控制的重要性主要体现在提高管理效率、规范性、制度化、提升透明度、降低成本、增强决策支持能力以及保障学校合法权益。高校应实行统一授权、归口管理、分级审批、分工负责的合同管理工作机制，建立健全统一的合同管理平台，促进合同管理水平的提高。高校的合同签订为学校法人行为，校长为学校法定代表人。学校法定代表人或其授权委托的代理人，在委托权限、期限内可代表学校依法签订、变更和解除合同。未经学校法定代表人书面授权或规范性文件明确规定，校内非法人单位、组织及个人不得以学校名义或内部单位名义对外签订合同。由于高校管理的现实工作中，合同数量较为庞大，特别在经济合同以及会产生经济行为的业务合同均与学校经济行为息息相关，其内部控制就显得十分必要。

第一节　高校合同业务内控建设综述

一　合同业务内控概念及范围

高等学校合同管理中的合同是指高等学校以及部门和各学院（学部）在开展教学、科研、管理活动及其他活动时，与其他自然人、法人和非法人组织所签订的具有民事法律关系的书面协议，形式上包括合同、协议、备忘录、确认书、承诺书等。高校与职工签订的劳动合同不适用本定义。从内部控制要素方面对高校合同范围进行界定：一是内部环境，如治理体系、组织架构、权责分工等影响合同内部控制的各类校内内部因素。二是风险评估，对影响合同管理目标实现的风险因素进行识别，并事前采取应对措施。三是控制措施，根据风险评估的结果，对合同管理采取恰当的方法与手段，以达成合同目标。四是信息与沟通，加强收集与合同管理有关信息的及时性、准确性、完整性，同时进行传递、沟通与应用。五是监督检查，对合同实施全生命周期及安全性、合理性和有效性的监督与检查。

二　合同业务内控的目标定位

高校合同管理的控制目标是通过管理流程规范化、防范法律风险、优化资源配置和提升管理效能，确保学校与外部民事主体之间设立、变更、终止民事法律关系的书面协议得到有效执行,从而维护学校的合法权益和经济效益。高校合同管理的控制目标具体包括以下几点:一是合同管理流程规范化。通过规范合同管理制度,覆盖合同全生命周期的洽谈、草拟、签订到生效整个过程。具体包括高校法务部门对合同内容的合法性审查,各单位根据权限执行内部审批程序,定期对合同履行进行监督和评估,确保合同的合法性和有效性等。二是防范法律风险。通过加强合同管理,避免决策失误,保障经济效益,有效维护高校的合法权益。具体包括对合同条款的合法审查,以及对合同履行过程中可能出现的风险进行预警和防控。三是优化资源配置。通过合同规范的管理,促进高校资源科学的配置,促进高校资产的安全和有效利用。具体包括对合同执行情况的跟踪和评估,以及对合同履行过程中出现的问题进行及时反馈处理。四是提升管理效能。通过制定和严格执行合同管理制度,提升学校的管理效能。具体包括对合同管理流程的优化,对合同履行涉及相关人员的培训和教育,提高他们的专业水平和管理能力。

合同业务内部控制目标体现在:一是建立健全合同管理制度。明确不同类别合同管理的范围、要求以及分级授权审批控制。二是实行合同归口管理。为确保合同制定、合同履行、合同监督的规范性、有效性,由归口管理部门分级负责并统一管理。三是建立合同订立控制机制。在合同签订前对签订主体资格进行查验,确保合同谈判公平有效,合作各方具有履约的资格和能力,降低合同违约风险。四是完善合同合法性审查机制。高校应成立专业的法务部门,在合同订立、签订补充合同、变更合同、解除合同等环节,按照国家有关法律法规进行合法性审查,甚至聘请第三方法律事务中介机构进行审查，出具法律审查意见，防止发生重大风险。五是建立合同履行监督管理机制。对合同全生命周期履行实施有效监督与控制，敦促对方积极履行合同。在合同履行过程中发现有失职、渎职或以权谋私，损害学校权益的情形时，须及时制止并采取有效措施降低损失。六是高校应加强对合同纠纷的管理。合同发生纠纷时，高校应当在规定时效内与对方协商谈判，或者按合同约定方式依法诉讼，确保选择恰当的方式解决纠纷。

三 合同业务内控的风险关注

高校合同管理内部控制制度中应当着力强化对以下关键方面或者关键环节的风险控制：一是合同管理制度不完善，合同归口管理不到位，业务部门的合同管理职责不明确清晰，合同签订中得不到书面授权就执行。二是合同专用印章管理使用不规范。以学校各级内设机构印章签订合同，可能导致学校承担其他未经过审批产生的法律支付义务。三是合同内容和条款与法律法规有冲突，导致合同显失公平，不能够保障学校合法权益。四是未对合同相对方的主体资格、资信能力、履约能力进行审核，未对合同事项的合法性、必要性、可行性进行充分论证，因此引发纠纷。五是合同执行不严格。未履行合同规定的责任导致对方责任不落实，出现执行偏差引发合同失效，造成工作损失。六是未建立合同纠纷产生后的调停处理机制及办法。在合同纠纷发生时未能及时采取有效措施或未经授权和批准解决纠纷，可能导致纠纷的扩大和不良发展。

第二节　高校合同业务内控协同方式探析

一　职责配置与授权审批

高校应设置专业职能部门和岗位负责合同业务的管理，并落实岗位责任制，特别是经济合同，必须使合同业务管理做到不相容岗位的分离，分离至少包括：一是合同的拟订与审核相互分离。二是合同订立与合同印章管理相互分离。三是合同履行与付款审批相互分离。四是合同履行与监督相互分离。在委托权限、期限内，学校法定代表人或其授权委托的代理人，可代表学校依法签订、变更和解除合同。未经法定代表人书面授权不得签订合同。学校应当就印章管理建立有效的审批和签署流程，使合同法律效力得到高效保障。

高校设置的专业法务部门、归口管理职能部门、财务部门须协同配合履行审批职责。法务部门作为学校合同管理的日常法律专业法务管理部门，应当制定学校合同管理基本的规章制度及管理办法；统一协调、处理学校涉法事务；负责学校合同印章的日常管理；对以学校名义对外签订的各类合同进行基础性、合法性审查；代表学校处理因合同诉讼、仲裁、协商或其他行为等引起的合同事务处理。归口管理职能部门应当作为各类合同具体涉及的承办单位及相关业务归口管理部门分级负责；承担本部门合同起草、签订、执行，确保合同履行的结果达到预定的目标。财务部门应当建立经济合同的备案机制，在支出报销时对经济合同及时进行备案并按合同约定进度确认收入或费用，定期检查、抽查经济合同涉及款项的履行进度，确保应收尽收、应付尽付。

二 合同业务活动控制

（一）合同拟定与审批

高校应对合同进行分类管理，一般分为非经济合同、经济合同。合同应由校长或校长授权委托的相关负责人按照分级审批权限进行签署。特别关注的是对外发生的所有经济业务，一律应当以书面合同的形式明确经济事项的权利和义务。高校不得签订经济担保合同，未经法定程序批准不得签订投资合同和借贷合同，严禁未经授权擅自以学校名义对外签订合同。高校各部门、各学院（学部）作为合同承办单位，应负责合同的起草工作，法务部门进行审核，可能对学校权益、声誉产生重大影响的合同，经承办单位、业务归口管理部门签章，相关部门审核会签，法律顾问进行合法性审查。合同文本如有上级单位或行业协会通用的规范文本则优先选用，但对于权利义务关系的条款应根据谈判结果对合同内容予以补充、完善或适当修改。高校可根据管理需要制定规范制式的合同文本，经法务部门审核后使用，可不再重复审核。若需要向上级主管部门报告接受审查或需要备案的，应当严格遵照执行。合同签订前，对合同对方的主体资格、资信能力、信用状况、履约能力等情况进行初步审核，同时，进行论证确保对方当事人具备合同履约能力，确保合同约定内容的合法性、必要性、可行性。涉及影响重大、关系学校重大利益的合同，应按"三重一大"议事决策机制提请校长办公会审议，学校党委会议审定。

高校应根据本校的实际情况明确合同中一般合同和重大合同的审批权限和职责。例如，一般合同：5万元以下由校长授权各二级单位主要负责人审批、签订；合同金额大于5万元且小于100万元，经承办单位、业务归口管理部门签章，相关部门审核会签，校长授权分管联系校领导审批、签订后用印。重大合同：合同金额大于等于100万元且小于等于200万元，经承办单位、业务归口管理部门签章，相关部门审核会签，法律顾问进行合法性审查，校长授权分管联系校领导签批、签订后用印。合同金额大于200万元，经承办单位、业务归口管理部门签章，相关部门审核会签，法律顾问进行合法性审查，分管联系校领导审批，校长签批、签订后用印。

（二）合同履行监督

高校必须严格履行已经正式签订的合同，相关业务归口管理部门、承办单位应安排专人对合同履行进度的情况实施跟踪动态监控，督促对方积极执行合同约定条款，确保合同的全面、有效履行。合同生效后，需要变更、补充且达到分级标准的，须按照高校有关合同管理的规定重新完成审批程序。对于涉及诉讼、仲裁的特殊情况合同，合同承办单位、归口管理部门应在诉讼时效内办结相关备案手续。高校财务部门报销关于经济合同履行结算业务时，应审核原始附件合同中有关付款条款约定，按照合同进度支付款项。高校应当建立合同履行评估制度，定期或不定期对各类合同尤其是涉及重大经济事项和影响的合同，须定期对其履行情况跟踪分析、适时评估，督促合同的履行，健全完善和改进监督工作。

(三) 合同档案

高校应加强合同归档的管理，收集合同文件应确保正副本、附件齐全。应建立信息化系统，按照合同类型、时间顺序、项目编号进行统计、分类，对合同信息完整登记，编制合同归档清单，对不同存储介质采用适合且安全的环境进行存储，防止丢失或损坏。高校应加强合同信息安全保密工作，在物理安全方面，合同文本应妥善保存在安全地点；技术安全方面，对于电子合同文件应采用加密技术设置防火墙、杀毒软件等防止非法入侵和信息泄露；人员管理方面，应设置专门岗位，与背景历史资料审查通过的人员签署保密协议，明确职责职权，并定期进行相关业务培训；流程管理方面，按照合同的接收、登记、审批、移交、归档等环节进行，确保每个环节规范完整。

(四) 纠纷管理

高校应建立合同纠纷的预防和控制机制，加强对合同纠纷的管理。预防工作主要应落实合同前期可行性的论证、条款谈判、合同文本的起草、审批、督促合同的履行以及合同纠纷的解决等环节。重要合同和影响重大的合同需聘请第三方中介机构法律顾问参与合同谈判、起草、修改、审核，以及合同纠纷的调解、仲裁、诉讼等活动。高校在处理合同纠纷时，应遵循合理的职责分工、专业的法律支持以及严格的合同管理原则，经过书面授权的形式办理相关业务，在办理中应秉持维护学校合法权益，防范合同风险的理念，确保合同合法性、有效性。对未经学校授权或越权对外签订合同的单位或个人，高校有权严肃追究责任。对造成不良后果或导致经济损失的，由合同签订者或直接责任人承担相应经济法律责任。对于合同履行中发生失职、渎职和以权谋私的行为，应及时进行制止并依法依规进行责任追究，涉嫌犯罪的移送相关司法机构进一步处置。高等学校合同业务活动控制的具体流程如图9-1所示。

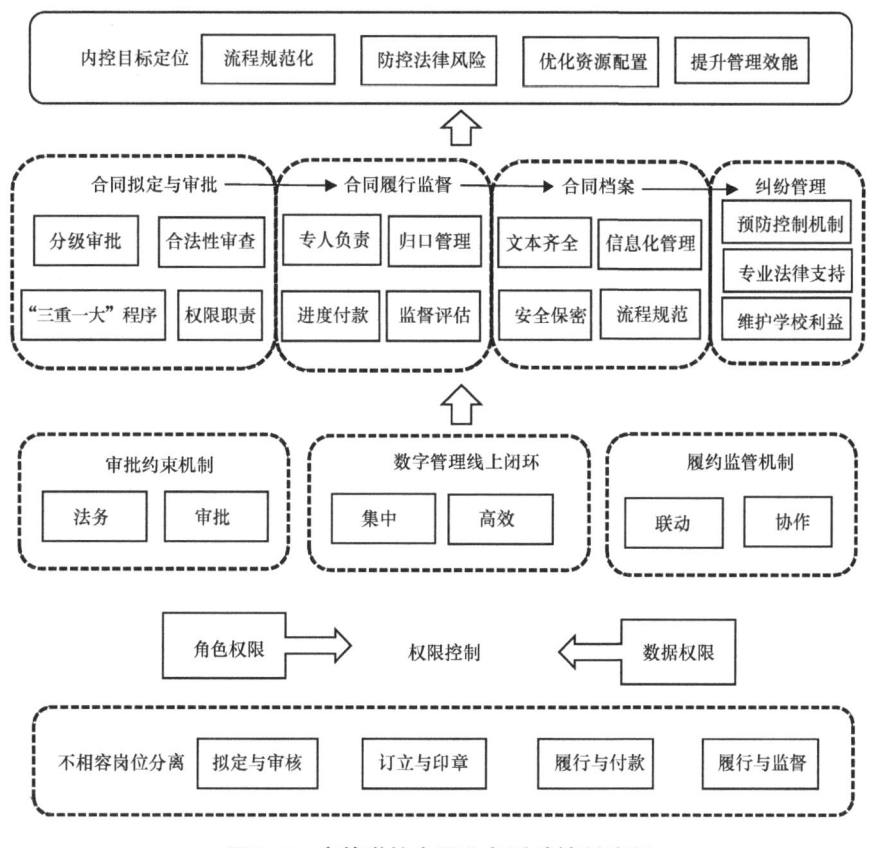

```
┌─────────────────────────────────────────────────────────────┐
│ 内控目标定位 │ 流程规范化 │ 防控法律风险 │ 优化资源配置 │ 提升管理效能 │
└─────────────────────────────────────────────────────────────┘
                              ↑
┌──────────────┐ ┌──────────────┐ ┌──────────────┐ ┌──────────────┐
│ 合同拟定与审批│→│ 合同履行监督 │→│   合同档案   │  │   纠纷管理   │
│ ┌────┐┌────┐ │ │ ┌────┐┌────┐ │ │ ┌────┐┌────┐ │ │ 预防控制机制 │
│ │分级││合法││ │ │专人││归口││ │ │文本││信息││ │ 专业法律支持 │
│ │审批││性审││ │ │负责││管理││ │ │齐全││化管││ │ 维护学校利益 │
│ └────┘│查  │ │ └────┘└────┘ │ └────┘│理  │ └──────────────┘
│ ┌────┐└────┘ │ ┌────┐┌────┐ │ ┌────┐└────┘
│ │"三重││权限││ │ │进度││监督││ │ │安全││流程││
│ │一大"││职责││ │ │付款││评估││ │ │保密││规范││
│ │程序 │└────┘ │ └────┘└────┘ │ └────┘└────┘
└──────────────┘ └──────────────┘ └──────────────┘
                              ↑
┌──────────────┐ ┌──────────────┐ ┌──────────────┐
│ 审批约束机制 │ │数字管理线上闭环│ │ 履约监管机制 │
│ ┌────┐┌────┐ │ │ ┌────┐┌────┐ │ │ ┌────┐┌────┐ │
│ │法务││审批││ │ │集中││高效││ │ │联动││协作││
│ └────┘└────┘ │ └────┘└────┘ │ └────┘└────┘
└──────────────┘ └──────────────┘ └──────────────┘

  ┌──────┐              ┌──────┐
  │角色权限│⇒ 权限控制 ⇐│数据权限│
  └──────┘              └──────┘

┌─────────────────────────────────────────────────────────┐
│不相容岗位分离│ 拟定与审核 │ 订立与印章 │ 履行与付款 │ 履行与监督 │
└─────────────────────────────────────────────────────────┘
```

图 9-1 高等学校合同业务活动控制流程

第三节 高校合同业务内控协同运行优化

一 以法务、审核强化合同审批约束机制

合同管理控制的目标是确保合同合法合规。高校在合同审核阶

段,一是要建立合同审查的机制和制度。明确规定合同承办主体责任,对合同谈判起草、合法性审查、签约备案、履约监督等内容作出具体要求,严格依法签订、依规审签、依约履行,积极防范对外合作风险,强化签约履约监督,充分保障契约精神,持续提升合同公信力。二是突出审查重点。重点审查合同对方当事人资信具备的真实性、业绩承诺的真实性、合同技术条款适宜性、风险评估及对策等,保证合同的合法性、专业性。实施繁简分流,简单合同适用简易审查程序。对重大复杂的合同,充分发挥法律顾问智库作用,通过书面审查、召开面商会等形式,借助"外脑"为高校重大合同提供法律意见。将合法合规性思维嵌入到合同全生命周期管理的各个阶段、各个层级、各个部门。充分发挥合规管理"三道防线"在合同管理中的作用,实现对合同谈判、起草、审核、签署、履行、争议处理的全过程管理。三是要加强部门协作。合规管理(或法律事务)部门负责合同法律条款的合规审核,在技术层面避免过度依赖外聘法律顾问机构。业务部门应按照职能分工认真完成相关业务条款、技术条款的合规审核。财务部门负责对资金安排可行性、有关价款适当性的合规审核。各部门应相互协调配合共同完成好合同合规审核工作。四是要强化流程管理。落实合同审核、印章审核、付款审核等审核环节,加强关键节点风险防范,严格闭环管理,确保环环相扣、步步合规。

二 以集中、高效构建数字管理线上闭环

依托合同数智化管理,通过数字化感知、智能化知识服务、大数据风险分析,实现真正的合同全生命周期管理。因此,智能合同

风险管理平台是高校合同控制的重要优化路径。一是通过规范化线上流程，管理起草、审批、签署等功能。提供合同模板管理、智能比对，内外部协同等协同工具，可以提升合同拟定效率，保留记录合同全生命流程的关键节点，安全可靠有保障。二是通过智能合同风险管理平台，可以进行相对方统一管理，接入征信等查询。当相对方资信等发生变动，可及时向相关人员进行预警，智能规避风险，可以在合同全生命周期过程中进行风险防控，通过制定不同风险任务实现智能风险管控，提升合同风险管理的及时率。三是对合同的进度进行追踪。执行的节点、结款时间、款项的催收、合同的变更等都需要以双方签订的合同作为证明，在面对突发情况时，双方能因合同条款采取相应的措施，避免因违约带来的经济损失。此外，通过智能合同风险管理平台签订合同，可以清晰查看需要处理的结款、续费、签署以及变更等问题，高效管理合同业务履约全过程，从细节把控，全方位追踪合同履行，保障合同持续跟踪、闭环管理。高校通过智能合同风险管理平台强化合同管理，统一数据标准，实现相关系统连接集成，汇总合同数据，整个业务流程数字化打通，破除部门墙、数据墙，实现跨部门的系统互通、数据互联，全线打通数据融合，为业务赋能，构建数字管理线上闭环。

三　以联动、协作实施履约执行监管机制

高校在合同的履约执行方面就当以联动协作为基础建立合同履约监管机制，明确校内各部门监管责任和程序，确保合同履行事项得到有效监管，包括制定合同履行的具体计划和时间表，明确各方职责和义务，以及定期检查和评估履约情况。将合同监管变被动为

主动、变静态为动态,实现监督关卡前置。通过事前提醒、事中预警、事后督办的方式,对合同进行全流程动态监管,减少信息不对称带来的误解和纠纷,从而降低履约风险,有效保障合法权益。一是聚焦合同签订、项目实施、履约评价、结果运用全流程,建立起一套完整独立、职责明晰的制度规范。特别是对政府采购项目合同、重点工程建设项目招投标合同等重大项目和领域开展全过程信用监管,并对合同的履约进度数据开展标准化后的信用鉴定。二是建立标准化合同信息处理机制,将合同中的关键信息录入监管系统,形成跟踪、预警、处置、应用的履约信用管理机制。将合同监管数据与平台信息归集系统、财务资产管理系统等诸多子系统形成数据共享和互通,在智能监管上着力创新。三是加强对合同执行过程中的监管力度,做到随机抽查与全过程监督相结合,对重要合同进行定期复核与总结,提前预警风险并提出防范措施要求;确保合同评审管理制度的执行落到实处,对于未按有关规定执行的、未按要求报送审核的、未经批准私自变更合同内容或主体的,进行倒查责任追究机制。

第十章

高等学校财务内部控制建设的评价与监督

高校内部控制评价是确保高校内部控制体系建设得以有效实施的重要机制，评价本身是高校内部控制实施过程的重要检验方式和组成部分，同时也是全面评价内部控制效率的重要成果。高校内部控制评价的重点在内控过程的完整覆盖性和控制的有效性，核心是检验各项控制制度是否得到落实和严格执行。内控评价从评价主体上可分为自我评价、内部监督、外部监督等多个层次。其中，内部控制的自我评价是评价工作中的基础性环节，是高等学校自主进行的内生性评价，评价的驱动力来自学校的管理决策层，其内容首先是合法合规性，即评估内部控制是否符合相关法律法规和规范要求。其次是全面性，即评估内部控制是否涉及高校的完整经济活动，是否覆盖所有关键重要岗位。再次是重要性，即关注重要经济活动和重大风险，确保有相应的控制措施。最后是适应性，即评估内部控制是否能根据政策和环境变化适时调整。此外，高校内部控制执行的有效性评价还包括：各项经济业务控制在评价期内是否按规定运行，控制措施是否得到持续实施和应用。高校内部控制评价的过程应由独立的校内部门负责组织，可以委托具备资质的第三方中介机构实施初步评价，为确保评价工作的中立性和独立性，评价工作与监督实施应当各自独立运行，形成互补。评价结果和报告应作为高校不断完善内部控制体系的重要依据，以提高内部控制建立与实施的有效性。

财务内部控制监督在高校管理工作中扮演着至关重要的角色，内控监督功能的成效对内控的可靠性具有强大的推动作用，可促进提高资源配置和使用效益的同时，有效杜绝和预防舞弊现象和腐败行为。为了实现内控目标，高校需要采取一系列措施来加强内部控制和监督。首先，高校应建立健全监督制度。包括从数字化角度完善相关规章制度，设置标准化规则，为财会监督的数字化奠定基础。同时，内部要严格执行各项财务管理规章制度，建立健全财务信息公开等制度，明确内部监督机构和责任人，确保内部控制各项制度的实施。其次，高校应加强财会人员的自我约束，遵守职业道德，拒绝办理违法违规的财会事项，并积极检举单位或个人的违法违规行为。此外，高校还应分业务分部门各负其责，明确各部门在内部控制中的职责和任务，形成相互制约和相互监督的工作机制。

高校财务内部控制评价与监督从业务层面可以进行类别划分，内控评价可分为自我评价与机构评价，内控监督可分为内部监督和外部监督。评价过程包括组织编制内部控制体系建设方案、制定内部控制体系建议、落实内部控制体系建设、协调解决建设过程中出现的问题，以及开展年度内部控制风险评估/内控评价，起草风险评估报告/内控（自评）报告等相关内部控制工作。内部控制内部监督主要依靠高校内部审计部门或内控评价部门根据内控实施对岗位、机制、制度建立和执行进行常规或专项监督。在这一过程中，也可以同时发挥内部纪检监察和内部审计部门形成协同联动的监督作用。对于没有内审部门或岗位的单位，可以成立内部监督联合工作小组履行相应的职能。外部监督指高校上级主管部门、财政部门。内部与外部审计以及各级纪检监察机关开展的各类监督，外部监督更具有权威和外部压力，从一定程度上能够确保高校内部控制体系的有效运行，提高高校管理水平和效益，防范和发现错误、舞弊与欺诈行为，保护资产的安全完整，控制各种风险。

第一节 内控评价的闭环效应

闭环效应是指依据闭环原则构成的闭环，制定计划和目标，然后按照计划来实施，在执行过程中不断检查和控制闭环供应链，及时发现问题，并找到解决问题的办法。无论我们进行制度设计、流程梳理还是进行组织再造，管理的闭环原则都是我们需要首要关注的。依据闭环效应进行内控评价，其目的主要是防止因为一个环节出现问题和故障，导致责任不明、互相推诿的现象发生。高校财务内部控制形成闭环的关键在于建立一套完整的内部控制体系，并通过PDCA循环（计划、执行、检查、改进）来持续优化和提升内部控制的有效性。内控评价闭环效应的形成主要因素在于内控环境、评价制度（内部监督）、评价活动（控制活动）、风险评估、信息沟通五方面。

一　内控环境

高校财务内控环境的范围较为广泛，从治理要素的角度主要包含内控制度环境、观念共识、组织机构、权力运行、业务流程、防范舞弊风险等要素。这些要素共同构成了高校内部控制体系的基础和环境条件，是整个内部控制体系的核心组成部分。治理结构涉及高校内部的组织架构和决策机制，确保高校能够科学决策和良性运行。组织机构设置与权责分配方面，要明确各部门的职责和权限，避免机构重叠和职能交叉，提高运行效率。内部审计机构设置方面，需建立独立的内部审计部门，对高校的经济活动进行监督和评估，确保财务信息的准确性和可靠性。反舞弊机制方面，应建立预防和发现舞弊的机制，通过内部监督和检查，防止和发现违规行为，保护高校资产安全。内控评价也相应地有其存在的环境，内控评价的环境包括内控氛围、管理理念、组织结构、员工胜任能力及道德水平、评估责任和权利授权方式等。这些因素共同构成了高校财务内控评价的环境基础，对于评价的有效性和准确性具有至关重要的作用。高校的内控评价环境首先是指其内控氛围，这包括高校领导层面管理理念、组织结构、评价环境。高校的管理理念和组织结构对内控评价的环境有着直接影响。一个清晰、高效的组织结构能够确保评价工作的顺利进行，而先进的管理理念则能够引导高校不断适应变化的环境，提高评价的质量。高校员工的胜任能力和道德水平直接关系到评价的准确性和可靠性。具有高度专业素养和良好职业道德的员工能够确保评价工作的专业性和公正性，从而提高评价的可信度。责任和权利的合理分配以及评价授权的规范性是评价环境的重要组成部分。一个规范的责任和权利机制能够确保评价工作的透明度和公正性，避免出现权力滥用和不当行为。总之，高校财务内控评价的环境是一个多维度、复杂的系统，涉及高校的内部管理、组织结构、员工素质等多个方面。这些因素共同作用，构成了高校财务内控评价的环境基础，对于确保评价的有效性和准确性具有重要意义。

二　评价制度

高校财务内控评价制度即内部监督，是高校为确保其经济活动的合规、资产的安全使用、财务信息真实可靠，以及提高资源配置和使用效益而建立的一套内部控制体系。这一体系围绕评价制度、评价措施和评价程序，以内部控制评价的完整性和有效性为目标，从制度上保障评价行为的规范性。高校财务内控评价的核心在制度层级上可分为学校层面和业务层面的评价。学校层面主要考量的是学校整体控制环境的评价制度，业务层面涵盖了学校各职能部门、各学院（学部）和附属单位的内部控制业务活动。根据内部控制的进程，评价既可以是整体或年度内控的集中性评价，也可以是开展对某方面要素、部分业务或者具体项目的风险环节开展阶段性评价。内控评价制度的设计和施行应当由高校专门的机构统一制订并根据相应程序发布实施，必要时也可以由学校委托第三方中介机构制订，并进行第三方评价。内部控制评价本身是一项循环往复的全面评估过程，内部控制制度也需要及时修订和改进，有效的内控评价制度是制度自我完善、及时改进的重要体现。内部控制的评价制度可以是集中地体现在评价制度本身的建立上,而更多的则是体现在具体业务的内控评价要求之中,但无论制度的形态如何,其评价的制度必须围绕评价要素进行完整的覆盖。高校内部控制评价制度是内控制度的一项重要内容,但实践中很多高校对这一制度的建设是忽略的,因此,高校应当聚焦学校发展规划、内部控制活动的组织、业务层面内部控制的评价、评价方法与手段、评价结论的形成等方面,持续不断努力,建立起内部控制评价制度的完整体系。以利于对学校单位层面、业务层面以及对内部控制设计的完善性和运行的有效性所做出的高质量的评价。

三 评价活动

高校内控评价活动即控制活动指的是评价的目标制定及评价范围确定、评价过程与步骤、评价方式与方法等评价工作开展的各环节。评价活动旨在促进学校内部控制的不断完善并有效实施,这一过程同时接受教育、财政、审计、纪检等部门的协同监督。高校内控评价活动涵盖了学校单位层面和业务层面的内部控制评价,确保各项经济业务控制在评价期内按规定运行,持续一致地执行。通常高校内控评价活动的开展主要涉及以下几个方面:一是制定评价目标。通过对学校内部控制制度的健全性和适应性、执行的有效性进行评价,揭示内部控制实施中存在的问题,查找体制障碍、机制缺陷、制度漏洞,进一步改进业务流程,促进内部控制得以规范落实。二是评价对象和时间范围。以特定日期为评价基准日,对学校层面和业务层面各类经济业务活动的内部控制进行评价,包括制度的制定、实施的措施和执行的流程等,识别经济活动风险点。三是评价内容和方式方法。学校层面评价重在审查内部控制重视和组织落实程度、内控机制建设运行、内控制度完善制定、关键岗位业务分离和财务报告编报等。业务层面内部控制评价重在审查具体的业务规范性和执行成效，包括预算编制与下达执行、收入支出的规范性、招标采购风险防控、资产的管理利用等。评价主要通过访谈、问卷调查、查阅资料、实地查验、数据分析等方法进行。高校应结合学校风险评估情况，制定合理的内控评价制度，对内控评价活动的内容范围、原则方法、程序步骤、结论运用等具体事项进行明确，并针对不同的评价对象确定评价实施的主体，促进评价活动的有序顺利开展。

四 风险评估

风险评估的核心是风险识别，即通过评估对风险对象业务存在的风险部位、风险来源、风险成因以及危害程度进行精确鉴别和判断。高校内控评价风险评估是通过对学校经济活动风险进行防范和管控的管理制度、实施措施及执行程序的有效性进行审查和评价，形成评估意见和建议的工作。这一过程旨在通过对内部控制建立和执行的有效性开展评估，及时发现风险，制定整改计划和措施，完善内部控制体系。高校内控评价风险评估遵循合法合规性、全面性、重要性、适应性、独立性等原则，以确保评估工作的质量和效果。评估应当涵盖内控组织缺失风险、经济活动决策风险、组织人事风险、资金使用风险等方面。评估方法应当具备多样性，可以采取风险清单梳理法、文件制度审查法、实地调查访谈法、流程检验法、报表分析法等，高校可结合学科专业优势应用概率分析、情景分析和坐标图法等更加量化的方法对风险进行分析研判。不同的评价方法可以在同一项目合理利用，达到真正识别风险的效能。风险评估的程序通常从研究制订评估工作计划开始，包括组织召开动员会，开展访谈、问卷调查、查阅资料、实地查验、数据分析直至编写风险评估报告。通过上述步骤和方法，高校能够系统地识别和分析经济活动存在的风险，选择有效的控制方法应对风险，从而完善内部控制体系建设，确保高校的经济活动在可控范围内进行。

五 信息沟通

高校内控评价也存在信息沟通的问题，评价工作对信息的依赖性十分强，在信息不充分、不全面、不完整的情况下，评价工作与评价结论有可能面临较大的失真风险。高校内控评价中的信息沟通要素是确保高校内部控制有效运行的关键环节之一。具体来说，这一要素的评价应涵盖以下四个方面：一是信息收集、处理、存储和传递的及时性，确保高校内部的信息能够及时、准确地被收集、处理、存储和传递，以满足决策和管理需要。二是财务报告的真实性，确保高校的财务报告真实反映其经济活动状况，不含有虚假信息。三是信息系统的安全性，评估高校信息系统的安全性，防止信息被非法访问或篡改。四是利用信息系统实施内部控制的有效性，检验高校是否有效利用信息系统进行内部控制，提高管理效率和准确性。这些方面的评价共同构成了高校内控评价信息沟通的内容，确保高校内部控制体系的有效运行，提高管理效率和透明度，保障高校的正常运行和发展。

第二节 内控评价的价值效应

一 持续一致性运行

高校内控评价的持续一致性运行指的是高校内部控制体系在设计上的完善性以及在实际运行中的有效性,这包括对学校内部控制的自我评价和外部评价,以确保内部控制的有效实施和持续改进。高校内控评价的价值目标是评估内部控制系统的质量和效率,以及它是否符合外部法规、政策以及学校内部控制内部规章制度的评价标准。评价过程的一致性原则应当满足对不同对象、同一对象不同时段的一致性,连续的一致评价工作可以确保内部控制体系能够适应学校的长期发展战略,同时满足外部监管的要求。高校在进行内控评价时,应关注内部控制设计的完善性和运行的有效性,通过自我评价和外部评价相结合的方式,确保内部控制的持续一致性运行。这包括对内部控制体系的定期审查、对内部控制缺陷的识别与整改,以及对内部控制运行的监督和评估。通过这些措施,高校可以不断提升内部控制的质量和效率,为学校的稳定发展提供保障。

二 内控穿行测试

穿行测试是一种审计方法,用于追踪交易从开始到结束的整个处理过程,以了解企业业务流程及其相关控制。这种方法通常用于内部控制评价中,旨在从全局视角评估内控质量和效率。穿行测试通过综合评估内控设计和执行情况,帮助审计者发现控制程序问题，提升效率。它涉及全查、重执行、实验测试，以评估业务的全面性和风险隐患。此外，穿行测试还涵盖交易生成、授权、记录、处理和报告的整个过程，主要用于销售与采购业务流程的核查。通过搜集经济业务或交易事项所有关键环节的单据，追踪经济业务或交易事项在财务信息系统中的处理过程，核查单据的真实性、匹配性，从而发现内控流程缺陷。在高校内控评价中，穿行测试同样适用，通过这种方法，可以全面了解高校的内部控制情况，包括设计有效性和执行有效性。具体实施步骤包括：第一，选择具有代表性的交易和事项，确保样本能够覆盖所有关键控制点，如办公用品采购控制，应考虑不同支付方式、采购内容、采购方式和采购金额，以确保样本的代表性和全面性。第二，执行测试，通过分析业务流程和相应的控制，选择适当的测试方法（如询问、观察、检查、重新计算）进行追踪，验证既定的控制是否得到执行。第三，记录测试结果，包括样本偏差的分析及应对，以及评价测试结果，确保内部控制的有效性。第四，关键控制点的测试，如审批及双人复核等，检查是否有齐全的签章，并将控制执行人和执行时间记录在底稿中。第五，实地观察，对于某些控制活动，如特殊农户大宗农产品购买，可能需要通过实地观察来印证，因为这些活动可能无法提供纸质文档支持。第六，全面覆盖控制活动，在实操中，抽取的穿行测试文档必须全面覆盖该控制活动，以确保测试的准确性和有效性。通过上述步骤，可以有效地进行高校内控穿行测试，了解内部控制的设计和执行情况，从而评估内部控制的有效性。通过穿行测试，可以评估高校内部控制的质量和效率，发现管理不足和改进空间，体现内控评价的价值。

三 有效性结论

高校内部控制评价结论是否有效，取决于评价结论与实际情况的相符程度。有效性既有客观的成分，也有主观判断的成分。内部控制评价有效性一方面依赖于评价程序是否得到了正确合理规范的执行。另一方面依赖于评价工作评价的客观程度，评价结论的形成是否有效，是否能够得到认可，同时，也体现在两个方面，一是评价结论是否能够反映高校真实的内部控制情况，是否客观可靠；二是评价结论是否能够得到业务单位的认可。因此，评价结论的形成之前要采取书面或口头的形式，充分征求业务部门的意见和建议，同时要及时与审计和纪检部门对相应情况进行验证和意见征询，使得评价结论在两个方面均得到一致认可，确保内部控制的有效性和效率，促进高校内部控制评价的持续改进与完善。

四 评价反馈运用

高校内部控制评价形成结论之后，评价结果的反馈与应用便成为内部控制评价结果应用的重要环节。通常一个会计年度结束或一项内控评价完成后，针对发现的内控问题和缺陷应当及时提出整改建议。高校相关职能部门应当对内部控制报告评价的相关信息进行进一步分析和研判，针对存在的现象探析业务工作中存在的缺陷和问题。属于制度建设缺失的，对制度进行健全和补充，属于制度执行的问题，找出相关责任部门和责任人，进行整改，提高执行力，同时，让监督措施进一步跟进，确保评价的整改能够落实到具体业务。财务内控报告评价最主要的应当关注内部控制缺陷及对财务报告的具体影响描述。对于内部控制评价报告中的一般缺陷、重要缺陷和重大缺陷应当明确予以区分，缺陷可分为设计性缺陷和执行性缺陷。评价结果反馈后应当根据缺陷的类型分别从制度层面和执行责任等不同角度进行有针对性的整改。同时，为了增强内控评价的协同效应，还应当对内部控制评价报告的结果和整改措施在一定范围进行公开披露，披露内容包括但不限于评价的总体情况、评价的适用范围、评价程序等，还应当对内控缺陷及内控有效性结论进行重点披露。针对两项重点内容，应当在征求学校相关职能部门及负责人意见的基础上，对整改措施和预期效果进行重点描述，进一步健全制度、提升执行力，以使得内部控制评价成果能够得到及时的应用和有力的监督。

第三节 监督协同与内部控制的嵌入模式

一 财会监督与内控协同

内部控制是行政事业单位的自我保护机制，财会监督是涵盖财政、财务、会计监督三者的全覆盖监督行为，三者相辅相成，相互促进。完善的内部控制体系让单位从内部组织架构、职责分工、授权制度、审批流程等方面按照合法性、合规性和有效性展开全面的自我管理，预防违法、违规行为的发生，最大限度降低管理风险，是实现全面依法治国、依法行政的重要基础。财会监督则融合了财政、财务、会计，监管行政事业单位的资产、负债、收入、支出等各方面，对单位的内部控制体系实效性、科学性起到了直接的反馈作用。由于内控与财会监督在目标一致性、业务融合性、流程交叠性等方面存在较强的相似性，财会监督与内控协同推进是内部控制协同治理的最有效方式之一，在具体的业务中，内控与财会监督共生共存。新时代财会监督提出高校是财会监督的责任主体，承担着对本单位经济业务、财务管理、会计行为的日常监督。同时要求结合自身实际建立健全内部控制、经济责任制、财务信息披露要求等监督制度，加强对权力运行的制约和监督。这与内控的内在要求方面存在较高的协同基础，财会监督与内部控制嵌入模式从业务上具备较好的基础，高校内控部门与财会部门在制度上、机制上更容易通过个性化的模式达成高效的嵌入。

二 审计监督与内控协同

高校审计与内部控制之间存在着密切的关系，两者相互依赖、相互促进，共同服务于高校的管理和治理。高校审计和内控的目的是促进财务信息和数据真实完整，提高经济行为的合规性，发现和避免舞弊行为。这种共同的目标使得两者在高校管理中扮演着不可或缺的角色。内部审计是高校内部比较完善的监督机制，在组织和制度方面均较为成熟，审计相对独立地履行检查、监督和评价的职能。内部审计与内部控制系统是不可分割的两驾马车，高校审计与内控的关系是紧密相连的，两者共同构成了高校内部治理的重要组成部分，通过相互促进和监督，提高高校的管理效率和效果，保障高校的正常运行和发展。在审计与内控协同推进中，审计监督从事后走向事前，从被动提出建议发展为主动提供咨询服务，关注内部控制的持续健全完善与及时充分执行。通过建立高效连续及时的监督评价机制，实现对内部控制事前、事中、事后的动态监督与持续有效的实时评价，已成为协同改革的重要趋势。在嵌入模式中，高校的专项审计、经责审计、与内控评价可以同时开展，把审计问题发现、问题关注均作为内部控制的核心要素进行并行推进，同时，把内控评价与改进作为审计整改的重要内容同步结合，使二者相互促进和补充，形成协同治理的格局和效应，将会使高校内部控制管理的权威性进一步得到加强，也会使得审计的辐射效应得到有效增强。

三 纪检监督与内控协同

高校纪检监督与内控之间存在着密切的关系，两者相互促进，共同为高校的高质量发展提供保障。高校纪检监督在高校管理中扮演着重要的角色，它通过对高校内部各项工作的监督，确保高校各项工作的合规性和有效性。纪检监督不仅关注高校内部的廉洁自律，还涉及对高校管理层的监督，以及对学术不端行为的查处，从而维护高校的学术声誉和社会形象。内控机制则是高校内部管理的重要组成部分，它通过制定和执行一系列的控制措施和程序，确保高校各项活动的有效进行，防止和减少错误和舞弊的发生。内控机制的建设和执行，需要纪检监督的参与和监督，以确保内控措施的有效实施。两者之间的关系主要体现在以下三个方面：一是相互促进，纪检监督通过对高校内部管理的监督，促进内控机制的完善和执行。同时，内控机制的建立健全也为纪检监督提供了更好的工作基础和条件，两者共同作用，提高高校管理的效率和效果。二是共同目标，无论是纪检监督还是内控机制，其最终目标都是为了保障高校的正常运行和高质发展。通过强化监督和管理控制，两者共同致力于营造一个廉洁、高效、和谐的校园环境。三是协同作用，在高校管理中，纪检监督与内控机制需要协同工作，形成合力。通过定期的沟通、协调和信息共享，两者能够及时发现和解决问题，共同应对高校管理中的挑战和风险。高校纪检监督与内控机制是高校管理中不可或缺的两个方面，它们相互依存、相互促进，共同为高校的高质量发展提供保障。通过加强两者的协同作用，可以有效提升高校的管理效率和效果，确保高校的健康发展。

四　监督体系的协同构架

监督体系的协同构架目标是实现进一步完善高校权力运行的监督制约机制，构建以党内监督为主导的各类监督贯通协调的监督格局和机制。探索和构建高校大监督工作体系和格局，对于进一步加强和改进高校监督工作，整合监督力量、完善监督机制、提升监督质效有重要意义。内部控制则是通过优化管理流程，在业务流程和执行状态上建立多维管控矩阵，着力从源头和机制上避免风险。高校监督体系与内控的协同构架主要包括以下三个方面：一是强化上下贯通机制。高校党委和纪委应坚持系统施治、标本兼治的原则，通过建立健全体制机制，加强高校监督体系建设，推进全面从严治党向纵深发展。包括坚持高校党委统一领导、党政齐抓共管、纪委协助推动的领导体制和工作机制，综合运用谈心谈话、述责述廉、廉政把关、政治生态分析研判、督促巡视巡察整改等举措，推动内部控制融入大监督体系，上下贯通、同频共振，形成工作合力。二是强化协作配合机制。聚焦重点内控领域，加强与业务部门的协作配合，着力发现和解决高校相关领域的系统性、深层次问题，为高校事业健康发展营造良好氛围。通过构建协同监督联席会议、配合支持、共同推动整改等制度，对协作配合的范围、内容、方式、流程、成果应用等进行规范，注重在政策取向上相互衔接、实施过程中相互配合、工作成效上相互促进，切实提升协同监督质量。三是强化信息共享机制。充分运用信息技术手段，打破信息壁垒，建立信息径送、信息移交、信息反馈等制度，整合各监督主体的信息资源，加强对信息的收集、甄别、分析、研判和共享，提高监督的精准性和实效性。高校监督体系与内控的协同构架对于提高学校治理水平、保障学校高质量发展、强化全面从严治校的内在需要具有重要意义，监督体系的协同构架要求形成一体化全面风险管理体系，强化全方位、系统性监管，牢牢守住不发生重大风险的底线。此外，监督体系的协同构架应当注重建立权责清晰、配合高效的监督成果互通及共享机制，针对校内各类监督主体，打破信息壁垒，构建监督信息内部共享平台，切实让监督"长牙""带电"，让协同监督成果运用到财务治理和公共管理中，促进高校内部控制协同治理走向新的高度。

结　　语

"国家治理体系和治理能力是一个国家的制度和制度执行能力的集中体现。"[①]高校财务内控既是制度治理的重要内容，更是运行机制和执行的实践课题。财务内控治理需要科学的理论基础支撑，也需要从机制和运行的实践维度规范、高效助推治理目标的达成，为高校资源配置的科学实现、资金高效规范管理、风险有力防范提供坚强的保障。高校作为文化资源聚集的机构，与其他行业和领域相比较，具有先进的文化价值理念，对治理行为进行高效支撑。财务内控协同治理体现的是协同、参与、共赢的宏观目标，强调的是公共价值导向，推行的是正义、公平和效率的公共价值观念，其实施具有深厚文化沃土的滋养。

内部控制对于高等学校财务管理而言其重要性不言而喻，内部控制，特别是财务内控制度和机制，是财务管理的业务机制制约下的内生动力，同时也是诚信目标实现的制度和机制保障。良好的控制流程和机制能够切实规范高等学校的财务管理活动。在高等学校治理现代化的目标中，管理主体与治理主体的转变、治理需求与内在动力的统一、协同机制与协同效应的实现、科学规范与人文蕴蓄并举均是高等学校在财务内控架构中重要的理论问题。在治理中突

---

① 习近平：《习近平谈治国理政》（第一卷），外文出版社2018年版，第91页。

破内生弱化、系统失衡、效益缺位、信息迟滞等困境，通过全方位业务的活动控制，把治理协同方式在具体业务中充分展现出来，探析出各类业务的协同优化路径，是协同治理方法论在实践中的具体总结和凝练。本书着力于从理论与实践相结合的视域对其进行探析和阐述，立足把协同治理从方式到运行机制纳入业务层面，尤其是针对高校内部控制的六大核心业务中的关键环节，提出有针对性的协同治理优化路径，以期这一新的理论具备广泛的实践价值，能够对高等学校财务内控建设提供具体翔实的范式。

新时代的特征决定了高校财务内部控制的时代特质，包括在全面从严治党中突出财会监督、高质量发展的观念树立、制度提升治理效能、问题导向、系统思维等诸多时代特质。在财务内控协同治理的理念倡导和引导下，高校有理由构架"强规范、实内控、防风险"的财务内控协同治理格局，努力构建"内控协商环境"，在全校全领域、各层次建立跨部门、各单位之间的交流协商与信息共享机制，全面促进业财融合，制定明确清晰、共同认可遵守、个性化特色鲜明的高校财务内控准则和制度。明确参与治理主体权、责、利关系协同，提升财务治理的精准性，营造出平衡稳定、宽松有益、价值共存的治理环境，促进高校内部的协调与治理方式的创新。同时，高校财务治理工作要破除陈规，创新方式方法。

协同治理是一种观念和方法创新，更是一种管理力量的科学系统整合，包括了治理内容的价值取向、责任赋予、要素资源、制度流程、组织运行、协调机制等诸多方面的内涵。创新治理方式与治理手段，不断健全高校内部控制结构和体系、强化内部流程控制、形成内部权力制衡、规范管理权力运行，并且将其作为一项长期而繁复的任务。协同治理虽然属于一种具有时代内涵的管理形态和方式，但我也认识到它不是灵丹妙药，也不能够替代财务管理或者内部控制，其理论和实践本身也需要进一步在实践中丰富和发展。但无论如何，在研究的体悟与反思中坚持辩证的方法，不断结合新的实践趋势增强科学理论思维的思考，探索财务内部控制的管理逻辑，对于身处教育现代化建设、中国式现代化伟大实践中的实践者和研究者而言，其心亦诚、其行亦真、其言亦善。

参考文献

《党的二十大文件汇编》，党建读物出版社2022年版。

《加快建设教育强国为中华民族伟大复兴提供有力支撑》，《人民日报》2023年5月30日第1版。

《马克思恩格斯文集》（第5卷），人民出版社2009年版。

白华：《论行政事业单位内部控制建设中的十大关系》，《会计与经济研究》2018年第6期。

陈虎、孙彦丛：《政府机构内部控制信息化建设探索》，《财会月刊》2020年第7期。

陈劲、阳银娟：《协同创新的理论基础与内涵》，《科学学研究》2012年第2期。

陈莉：《高等学校财会监督与经济责任制的协同构建》，《教育财会研究》2023年第3期。

陈莉：《高校财务预算管理核心绩效观》，《会计之友》2024年第8期。

陈伟晓、邓彦、李华军：《我国高校财务治理结构现状及优化对策研究》，《会计之友》2015年第3期。

陈蔚：《高校采购活动内部控制信息化建设标准设计探析——以浙江省本科高校为例》，《教育财会研究》2021年第2期。

陈文川、余应敏：《国家治理现代化背景下政府内部控制的职能拓展》，《审计研究》2016年第4期。

陈志斌、何忠莲：《内部控制执行机制分析框架构建》，《会计研究》2007年第10期。

崔禄春：《增强问题意识　推动改革发展》，《光明日报》2019年4月15日第5版。

高新亮：《新时期高校财务管理创新探索与发展》，中国水利水电出版社2019年版。

黄永林：《高校财务治理结构的多重关系与现代化建构》，《会计之友》2021年第5期。

纪纲：《信息化对中小企业内部控制的影响研究》，《财贸研究》2010年第3期。

李端生编著：《内部控制理论与实务》，东北财经大学出版社2017年版。

李华军：《高校内部财务治理影响因素及治理成效分析——基于54所高校的问卷调查》，《会计之友》2018年第7期。

李连华：《腐败防控视角的行政事业单位内部控制研究》，《会计之友》2019年第11期。

梁勇：《高校内涵式发展背景下的财务创新研究》，经济管理出版社2019年版。

林钟高、徐虹、吴玉莲：《交易成本与内部控制治理逻辑——基于信任与不确定性的组织内合作视角》，《财经研究》2009年第2期。

凌华、李佳林、潘俊：《政府会计与行政事业单位内部控制的协同机理研究——以行政事业单位资产管理为例》，《财会通讯》2021

年第1期。

刘东、王雁:《论高校财务内部控制体系的构建与完善》,《会计之友》2010年第9期。

刘红霞主编:《企业内部控制与风险管理》,清华大学出版社2022年版。

刘永泽、张亮:《我国政府部门内部控制框架体系的构建研究》,《会计研究》2012年第1期。

刘玉廷:《论我国会计信息化发展战略》,《会计研究》2009年第6期。

欧文辉:《协同治理论》,云南人民出版社2022年版。

彭佳、张牡丹:《高校财务治理现代化的内涵和路径》,《中国社会科学报》2023年11月10日第8版。

彭威:《基于内控视角的高校经济活动信息化平台研究》,《会计之友》2018年第24期。

唐大鹏、常语萱:《新时代行政事业单位内部控制理论创新——基于国家治理视角》,《会计研究》2018年第7期。

唐大鹏、王璐璐:《政府内部控制多维分析:国家治理、财政治理和财务治理》,《会计与经济研究》2017年第6期。

唐万宏:《高校科学发展的财务治理策略研究》,《会计之友》2012年第34期。

万国超、张庆:《基于治理风险视角的高校财务治理研究》,《财会通讯》2012年第35期。

汪刚:《行政事业单位内部控制信息化探索与实现路径——基于云平台》,《财会通讯》2019年第26期。

王光远:《中美政府内部控制发展回顾与评述——兼为〈联邦政府内部控制〉(中文版)序》,《财会通讯》2009年第34期。

王恒斌、王尊阳:《智慧财务背景下高校传统内部控制优化研究》,《教育财会研究》2022年第2期。

王兰会主编:《财务会计与内控工作执行流程》,人民邮电出版社2010年版。

王清刚主编:《内部控制与风险管理——理论、实践与案例》,高等教育出版社2019年版。

王文兵、安家鹏、干胜道:《多元共治模式倒逼行政事业单位内部控制建设路径研究》,《财政监督》2017年第5期。

王砚书、叶艳丽:《行政事业单位内部控制标准化设计与应用》,经济科学出版社2020年版。

王永海:《试论公司治理结构和内部财务控制》,《审计研究》2000年第3期。

徐晓丹:《高校协同创新利益配置机制研究》,北京工业大学出版社2023年版。

许新霞、何开刚:《内部控制要素的缺失与完善:基于内部控制和风险管理整合的视角》,《会计研究》2021年第11期。

薛澜、张帆、武沐瑶:《国家治理体系与治理能力研究:回顾与前瞻》,《公共管理学报》2015年第3期。

姚晖、俞剑文:《基于公开信息的高校财务治理水平测度研究》,《财会通讯》2019年第25期。

殷红:《制度变迁与政府会计模式选择和优化研究》,厦门大学出版社2012年版。

俞可平主编:《治理与善治》,社会科学文献出版社2000年版。

张继德:《两化深度融合条件下企业分阶段构建内部控制体系研究》,《会计研究》2013年第6期。

张俊杰、李满威主编:《行政事业单位内部控制建设概论与范例》,经济科学出版社2018年版。

张萍、葛玉洁、曹洋等:《公司治理和财务报告内部控制:监管制度的比较——西方内部控制研究文献导读及中国制度背景下的展望(三)》,《会计研究》2015年第8期。

张庆龙主编:《新编行政事业单位内部控制建设原理与操作实务》,电子工业出版社2017年版。

张庆龙、郭霞:《腐败治理:道德约束与制度约束》,《财会月刊》2021年第20期。

张曾莲编著:《高校财务管理创新研究》,经济管理出版社2016年版。

中华人民共和国财政部、中华人民共和国教育部:《关于进一步加强高等学校内部控制建设的指导意见》2024年11月19日。

周婷婷、张浩:《COSO ERM框架的新动向——从过程控制到战略绩效整合》,《会计之友》2018年第17期。

[德]H.哈肯:《高等协同学》,郭治安译,科学出版社1989年版。

[德]于尔根·韦贝尔、乌茨·舍费尔:《管理控制学引论》,王煦逸、史雯婷编译,格致出版社、上海人民出版社2011年版。

[法]亨利·法约尔:《工业管理与一般管理》,朱智文译,中国科学技术出版社2023年版。

[加]露丝·海特渥:《内部控制政策与程序》,张宜霞译,大连出版社2009年版。

［美］R.爱德华·弗里曼：《利益相关者：战略管理全新视角》，马旭飞、许雅岚译，机械工业出版社2024年版。

［美］冯·贝塔朗菲：《一般系统论——基础、发展和应用》，林康义、魏宏森等译，清华大学出版社1987年版。

［美］罗伯特·穆勒：《新版COSO内部控制实施指南》，秦荣生、张庆龙、韩菲译，电子工业出版社2019年版。

［美］Steven J. Root：《超越COSO：强化公司治理的内部控制》，付涛等译，清华大学出版社2004年版。

［美］詹姆斯·N·罗西瑙主编：《没有政府的治理》，张胜军、刘小林等译，江西人民出版社2001年版。

［日］星野昭吉：《全球化时代的世界政治》，刘小林、梁云祥译，社会科学文献出版社2004年版。

［英］K. H. 斯宾塞·皮克特：《审计风险管理过程》，王义华译，东北财经大学出版社2010年版。

［英］安德鲁·坎贝尔、凯瑟琳·萨姆斯·卢克斯编著：《战略协同》，任通海、龙大伟译，机械工业出版社2000年版。

［英］约翰·查尔德：《组织：当代理论与实践》，刘勃译，华夏出版社2009年版。

Ginsberg, M., "The Concept of Justice", *Philosophy*, Vol.38, No.144, 1963.

Ingram, R.W., R.M.Copeland, "Municipal Accounting Information and Voting Behavior", *The Accounting Review*, Vol.56, No.4, 1981.

Bozeman, B., S.Bretschneider, "Public Management Information

Systems: Theory and Prescriptions", *Public Administration Review*, Vol.46, No.11, 1986.

Drucker, P.F., "The Coming of the New Organization", *Harvard Business Review*, Vol.66, No.1, 1988.

Hermann Haken, Synergetics: The Mystery of Constituting Nature, Trans by Ling Fuhua, Shanghai: Shanghai translation Publishing House, 2001, Preface.

后　　记

随着2024年深秋的来临,凝结了我数年心血和二十余年实践经验的作品终于付梓。回望这段写作旅程,既有完成作品的释然,也有新人面世的诚恐。

不经意开始的创作念头如同夜空中最亮的星,引领我踏入了一个研究的全新世界。财务内部控制在高校治理中的规律探寻,是不是财务人员应当关切的问题,是否能够探寻出有价值的结果,对此我曾有过犹豫,深感这一复杂命题的系统性探究对于我来说,可能犹如蚂蚁撼树。然而在多年实践中,内心深处时常面临的那些困顿与冲突,特别是在北京国家会计学院完成云南省会计领军人才培养的三年学习期间,对管理理论在实践中的指导与应用进行了大量思索,这一切都驱使着我努力去做点什么,想要通过研究为中国高等教育治理现代化之路发出一束微光、一点启迪。

古人有言,人生犹如"寄蜉蝣于天地,渺沧海之一粟",尽管我们不可以改变过去,但努力一定可以影响将来。基于此,我的研究工作便未停歇。创作之路从未一帆风顺,其间有过灵感枯竭的焦虑,有过自我怀疑的挣扎,更有过面对外界的孤独与坚持。但正是这些挑战,让我更加坚韧,也让我更加珍惜这些坚持的瞬间。

我深知,我的研究不够尽善尽美,总有遗憾与不足。高等学校财务治理具备高度实践导向特征，其问题复杂、主体多元、制度环境更新频繁，任何既有研究都难以穷尽其全貌。尤其是在人工智能、区块链等新兴技术介入财务管理的时代背景下，财务内控范式本身可能时时面临新的挑战。但技术改变不了坚守制度的初心、准则的底线和专业的信念，本书力图将这些内容在研究中作为潜在的重要内涵向读者表达，因为这亦是高校以财务内部控制推进高等教育现代化的人文蕴蓄价值所在。

最后，我要特别感谢那些在我写作过程中给予我支持与帮助的人，感谢我亲爱的女儿果果与安安，是你们的理解、包容和支持，让我有了勇气；感谢我的工作单位云南师范大学的不吝资助；特别要感谢中国社会科学出版社，整个出版过程均体现出高度的严谨与专业，是您们的辛勤与付出，让拙著得以呈现。

"直如朱丝绳，清如玉壶冰。"希望通过这本书的创作，让我在纷繁复杂的世界中，找到属于自己的那份平凡财会人的初心与坚守。

陈莉

2024年9月